神仙境吉野の謎に迫る

―壬申の乱と修験道の誕生―

代吉野を見直す会

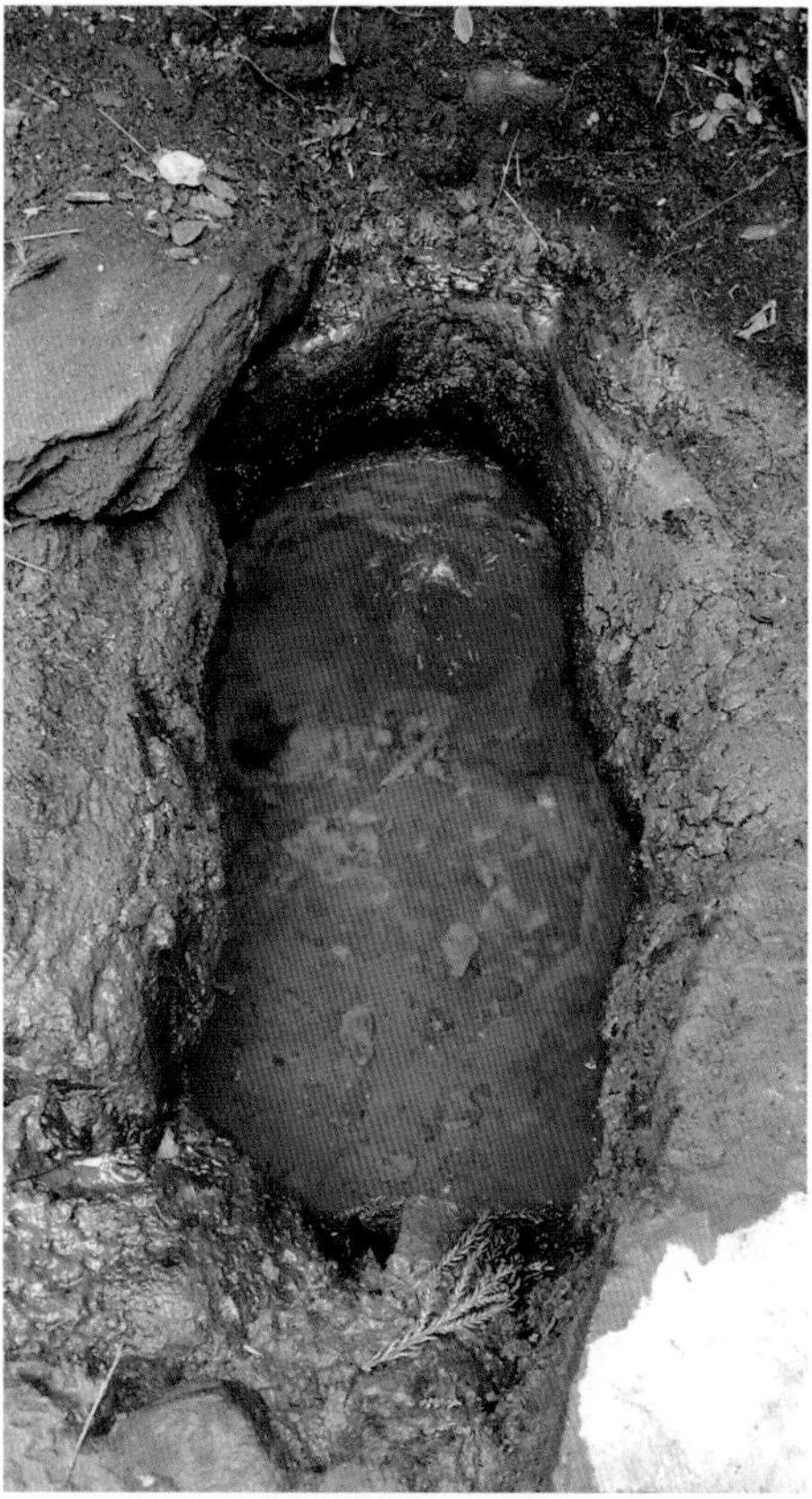
高見山・丹生の源泉

罔象女神坐像（イギリス大英博物館にて）

赤岩渓谷

世尊寺本堂・阿弥陀如来坐像

吉野より高見山を望む

序にかえて

飛鳥、奈良時代さらに平安時代の都人《みやこびと》にとっては、吉野はその名が示す通り、素晴らしい世界、憧憬の地と理解されていました。律令国家日本が誕生した契機となった壬申の乱蜂起の地でもあった吉野は、『古事記』『日本書紀』『万葉集』『懐風藻』などに記され、詠まれた歌からもその思いを知ることが出来ます。私は吉野の意味を考えるとき、数多い万葉歌の中で土理宣令《とりのせんりょう》の次の歌を思い浮かべます。

「み吉野の　瀧の白波　知らねども　語りし継げば　古《いにしえ》思ほゆ」(『万葉集』巻三―三一三)。

聖武天皇に仕えた官僚の彼は、吉野を訪ねたことは一度もありません。吉野川の瀧の美しい流れも目にしたことは無いけれども、語り継がれる話を聞くと昔のことが偲ばれる、といった歌ですが、このように神仙境吉野はそこを訪れたことのない官人たちにとっても憧れの地でした。

本書の中で詳しく述べられていますが、古人大兄皇子から斉明、天武、持統、さらには聖武にいたる天皇たちが足繁く通った吉野の全体像はまだ解明されていません。

宮瀧遺跡、大峯山寺の発掘調査に長く関わる幸運に恵まれた私の頭から、いつもあの広大な吉野の中でどのような壮大なドラマが展開されていたのか、という問題が離れません。それは苦痛と言ったものではなくむしろ想像力をかき立てる喜びでもあります。

『神仙境吉野の謎に迫る』というタイトルにも表現されているように、第一章「吉野と王権の神祇政策」、第二章「吉野の神と仏」では、従来の見解とは異なる斬新な意見が数多く提起されています。私の抱いている七・八世紀の吉野観とは異なる部分もありますが、吉野の語源となったであろう「芳し野」の地に残る土田遺跡、また飛鳥時代にさかのぼる比曽寺(吉野寺)の重要性を説かれたところなど、学ばせていただくところは多々あります。

しかし、本書の白眉は第三章です。「吉野古代史の現地を訪ねる」というタイトルで「古代吉野を見直す会」の方々が、六年に及ぶ坐学と現地踏査に基づいて書き上げられた、古代吉野を学ぶための必携の書となっています。吉野について幾分か知識をもっていると過信していた私にとっても、本書はこの上ないテキストになります。

生前は私もお世話になった宮坂敏和、桐井雅行先生も、お喜びのことと思います。吉野の古代史に関心をもち、古代の息吹を体感されたい方はこの一冊を手に現地に立たれることをお薦めします。

奈良芸術短期大学教授　前園 實知雄

古代吉野へのいざない

みなさんは「吉野《よしの》」を知っていますか。奈良県の南部、紀伊半島の付け根を流れる紀の川（吉野川）に沿った地域です。その北には、王権誕生の地、まほろばの「大和《やまと》」があり、南にはこもりくの「熊野《くまの》」がひろがっています。

吉野といえば桜。詳しい方なら、後醍醐天皇と南朝の都、世界遺産というイメージがわくと思います。ここではその吉野の成り立ちを、古代の原風景へとさかのぼってみていきましょう。

『奈良時代の官人・丹治比廣成《たじひのひろなり》は、吉野の雄大な自然を漢詩集『懐風藻《かいふうそう》』に詠んでいます。

「高嶺嵯峨にして奇勢多く、長河渺漫として廻流を作《な》す。鍾池超潭《しょうちちょうたん》凡類を異にし、美稲《うましね》が仙に逢ひしは洛州《らくしゅう》に同じ」

吉野の山々は険しくそばだって変化に富み、吉野川は限りなくとうとうと流れ、あるいは曲がりくねって流れている。それは中国の鍾池や超潭と同じように、ありふれた普通の景色とは違っている。だから、美稲が柘枝姫と会ったのは洛州に同じことだ。

都から峠を隔てて遠くない所にあった吉野。そこに美しい山河が広がっている。飛鳥にない雄大な

山河が広がっている。それを見た人々が、吉野こそ神仙境に違いないと感じたのでしょう。』（池田淳）

先の『懐風藻』をはじめ、『古事記』『日本書紀』『万葉集』といった日本を代表する古代の史書・文学書に詠まれた吉野は、古代史を画す壬申の乱や、修験道《しゅげんどう》発祥の地であり、龍神信仰にも深いかかわりをもっています。しかし、それらに関連するゆかりの地（吉野寺、吉野宮、大名持神社、丹生川上神社、金峯神社、吉野水分神社等）については、創設の由緒などもまだよく分かっておらず、壬申の乱発端の地がなぜ吉野なのか、なぜ吉野に修験道が誕生したのかもいまだに明らかにされていません。

吉野の古代史を考える場合、王権の神祇政策や仏教との関係、地元民の山岳信仰と密教との融合といった複眼的な視点で見直してみる必要があります。本書は、その実像に迫りつつ、いくつかの仮説を世に問おうとするものです。

神仙境吉野に今なお残る古代史の謎を列挙してみると、

1、蘇我蝦夷・入鹿親子が滅ぼされた乙巳《いっし》の変（六四五年）後、蘇我系の皇子・古人大兄が吉野に逃れたのはなぜか。

2、斉明天皇が吉野・宮滝の地に「吉野宮」を創設したのはなぜか。

3、壬申の乱（六七二年）の前、天武天皇（大海人皇子）が吉野に逃れたのはなぜか。
4、持統天皇の在位三十一回にわたる吉野宮行幸はなにを意味しているのか。
5、聖武天皇が疫病退散の祈りを奉げた「南山の九頭竜神」とは何か。
6、大和国で二番目に「正一位」の神格を得た「大名持神社」が吉野にあったのはなぜか。
7、吉野川筋には「丹生（水銀鉱床）」がないのに「丹生川上神社」が創設されたのはなぜか。
8、金の鉱脈がない吉野に「金峯山（御金の岳・金の御嶽）」があるのはなぜか。
9、古代吉野の地元民たちはどんな信仰をもっていたのか。
10、吉野水分神社に「子守の神」がまつられているのはなぜか。
11、真言密教の開祖・空海は、吉野の山岳信仰とどんなかかわりをもっていたのか。
12、吉野で修験道が成立した要因は何だったのか。
13、神仏習合の神・蔵王権現はどのようにして誕生したのか。
14、役行者はどうして修験道の開祖になったのか。

これら吉野古代史の謎を解き明かそうとするのが本書のねらいです。

第1・2章は、松田・宮坂先生の論文などを参考に富田がまとめ、その歴史を仮説的に読み解きます。また第3章は別表に示した執筆者が第1・2章でふれたゆかりの地を紹介します。お好きなところから読み始めていただいても結構です。

執筆に当たっては、当会メンバー全員で吉野及び周辺エリア全域を徹底的に現地踏査し、古道についても実際に歩いて確認し、執筆者によっては高見山に登頂し、また3泊4日で大峯奥駈も実行しました。吉野とつながりの深い飛鳥・藤原京エリアはもとより、和歌山まで足をのばし、実際に現地で見る事をこころがけました。

本書が、吉野に足を運んでいただけるきっかけになれば幸いです。

令和二年　晩夏

古代吉野を見直す会会長　富田　良一

目次

第1章　吉野と王権の神祇政策～壬申の乱前後～

第1節　原吉野《げんよしの》の風景

この節では、なぜ王権がこの地とのかかわりをもち始めたのか、吉野の地政学的背景から古代の古墳群などの原吉野の風景に想いを馳せながら考察する。

吉野の地勢的背景

奈良県南部に位置する吉野は、日本列島のほぼ中央に突き出た紀伊半島の中枢部を占めている。奈良盆地の南限との境には龍門山塊が東西に走り、高見・大台に源を発した吉野川は西へと流れ、吉野山地と龍門山塊を区切って吉野の河谷を造っている。

吉野の恵まれた河川交通と古墳群

吉野は山間部にありながら、吉野川（和歌山県下では紀の川）を基幹水路（運河）として、和歌山の太平洋につながる河川交通にめぐまれた土地である。その河川に対する意識の深さは、古墳時代にさかのぼってもうかがえる。たとえば、六・七世紀の古墳（横穴式石室）の大半が、吉野川を見下ろす高台

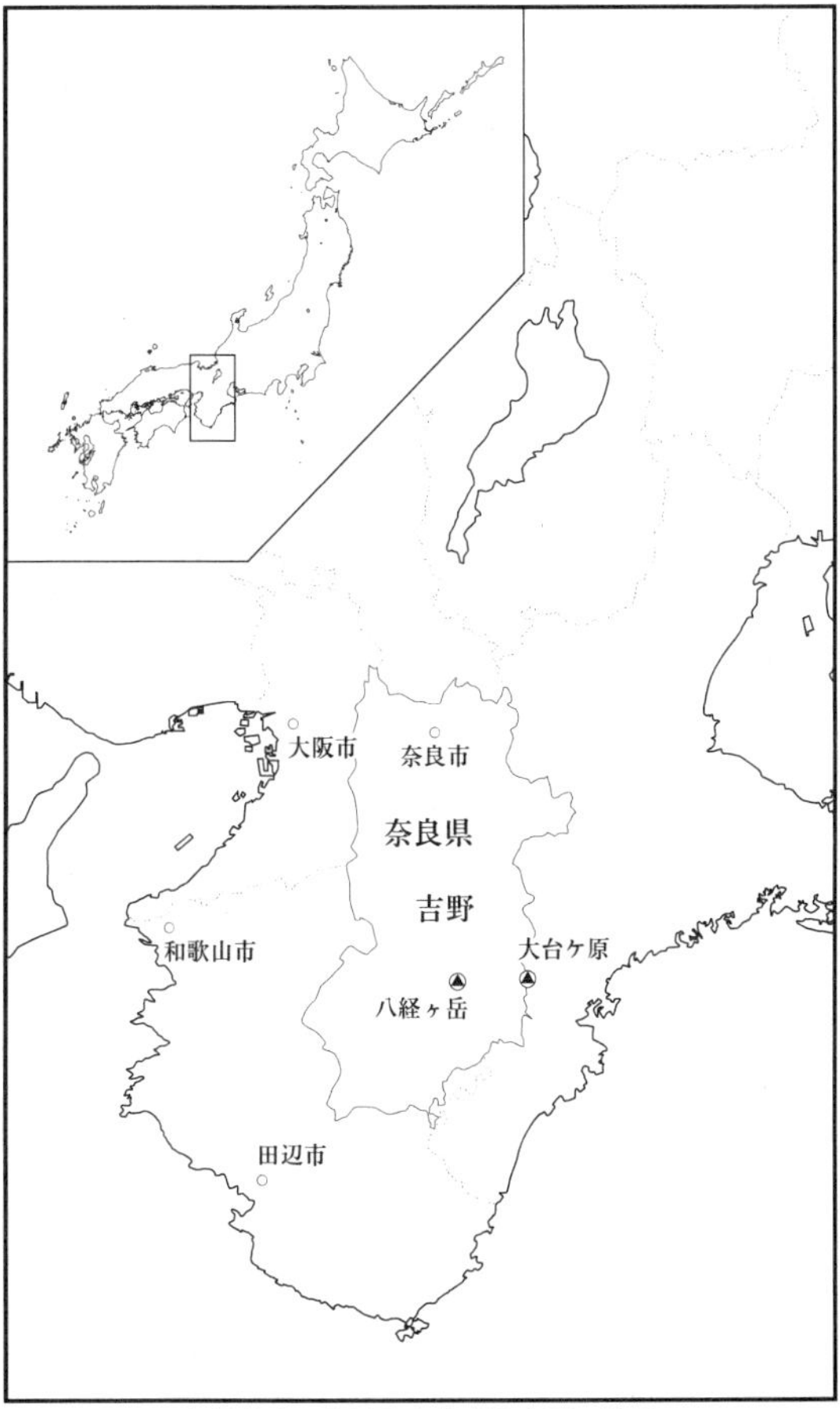

紀伊半島における奈良県と吉野の位置

に営まれていることや、そのなかに吉野川下流域で特徴的な「石棚」をもつ「岩橋型《いわせがた》」の石室が存在することなどが挙げられる。なかでも、吉野川南岸の下市町《しもいち》阿知賀《あちが》にある岡峯古墳は、金銅装で黒漆塗の素環頭大刀といった豪華な副葬品をもつ六世紀末頃の古墳だ。

やや上流の吉野町上市《かみいち》地区にも、ほぼ同時期の横穴式石室をもつ堂山古墳などがある。下市地区から上市地区にかけて、古墳を築いた人々の集落がひろがっていたと考えられる。

吉野への陸上交通、吉野巡行ルート

一方、陸上交通はどうだったのか。『古事記』『日本書紀』『万葉集』の時代に、飛鳥・藤原・平城といった宮都から、貴顕たちが辿った吉野巡行ルート(峠)で考えてみよう。

一つめは、大和川(曽我川)水系の巨勢谷《こせ》(現御所《ごせ》市)方面から車阪(坂)峠(標高約二〇〇㍍)をこえて、吉野川本流域へと出るルート(車坂古道と仮称)。現在は、国道三〇九号線がこれを踏襲している。(地図、①のルート)

車坂峠からさらに東方へ向かうと、八鳥川の渓谷を越えた河岸段丘のうえに広がる土田《つった》遺跡で、五世紀末頃と六世紀末頃の須恵器が採集されている。ここでは、七世紀前葉から中葉頃にかけて竪穴住

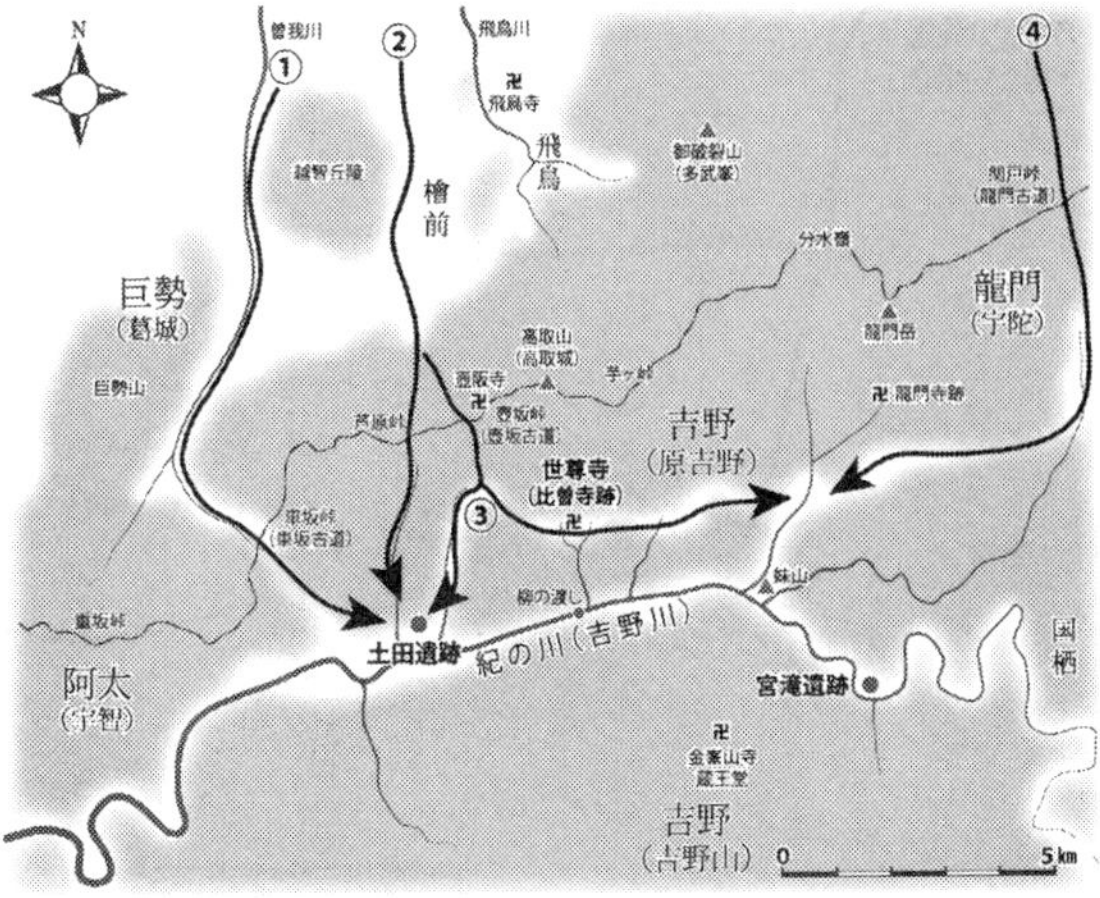

古代吉野への道

居群が、続いて掘立柱建物群と庭園（蛇行溝）が造営され、八世紀後半におよぶ。

その東方、越部川を挟んだ対岸の丘陵上にあるのが、金銅製の単鳳環頭大刀の柄頭等、豪華な副葬品を残す六世紀後半～七世紀前葉頃の横穴式石室をもつ越部《こしべ》古墳（一・二号墳）。一帯には平安時代に越部廃寺、『日本霊異記』（中巻第二六）に記す「越部岡堂」が建てられていた。

二つめは、古代「下ツ道」をさらに南下し、高取町清水谷から芦原峠（標高三一〇㍍）付近を越えて吉野（土田遺跡周辺）へといたる、現在の国道一六九号線ルート（芦原道）。（地図、②のルート）

三つめは、高取町の古刹・南法華寺（壷阪寺）を経て、壷阪峠（標高三六〇㍍）から阿佐谷（大淀町田口地

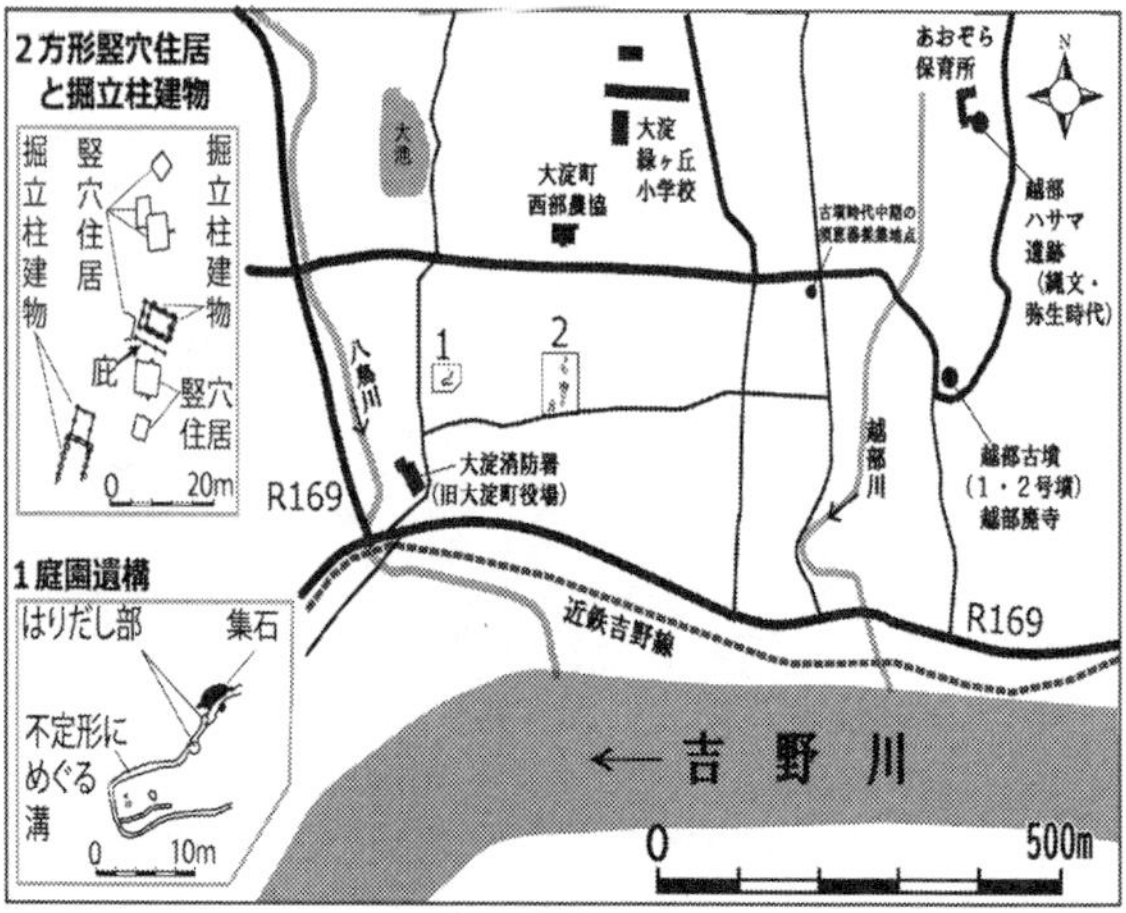

土田遺跡の周辺

区）へと出、越部川を下って土田《つった》遺跡方面、もしくは馬佐峠を下って、比曽・増・龍門方面へと向かうルート（壷阪古道と仮称）。（地図、③のルート）

四つめは、宇陀方面から、宇陀川と吉野川（津風呂川）水系の分水嶺・関戸峠（標高四〇二㍍）を越え、龍門岳の南麓地域をへて吉野川本流域へ出るか、もしくは、千股・増地区を経て馬佐峠を越え、土田遺跡方面へと向かうルート（龍門古道と仮称）。（地図、④のルート）

ただこの道は、宮都のあった大和盆地を基点にすると、宇陀の高地を経由しなければならないというデメリットがある。

なお従来は、これ以外の峠道（芋ヶ峠）を古代に利用した可能性も指摘されてきた（和田萃）。しかし、それらのほとんどは芦原道同様、江戸時代になってから利用が盛んになった峠道であり、古代にさかのぼる遺跡などは確認できていない。

さて、これらのルートのうち、もっともゆるやかで歩きやすいルートを考えるとどうだろうか。やはり、大和盆地（国中）から巨勢谷をへて、標高約二〇〇㍍の峠をこえて吉野（大淀町）へと入る車坂古道だろう。これが七世紀代にさかのぼる、主要な吉野往還道だったことは間違いない。

なかでも、広大な台地上で、弥生時代から安定した集落を営んでいる土田遺跡は見逃せない。吉野川にも近接し、車坂古道を利用する大和盆地・吉野往還の中継地にあり、いわば古代の交通の要衝、現代でいうところの「道の駅」としての機能が想定される。七世紀後半から八世紀前半代には、庭園を含む何らかの機関が置かれたと考えられる（後述）。

吉野の郡家と監《げん》

土田遺跡を考える際、ここが古代の吉野郡役所、すなわち吉野の郡家（郡衙）ではなかったか、という指摘は従来からある。また吉野には、奈良時代前半期の一時期、和泉とともに王家直轄地の管理統括機関である「監《げん》」が置かれたことも知られている。

『続日本紀』をみると、資料上の「郡」の初出は大宝二年（七〇二）で、郡役人（大・小領、主政、主帳）の

土田遺跡周辺

初出は和銅四年（七一一）、「芳野監」の初出は天平三年（七三一）。一方「和泉監」は、霊亀二年（七一六）に設置、天平十二年（七四〇）に河内国に併合されるので、「芳野監」もほぼ同じ頃に設置・廃止されたとみられる。となると、八世紀初頭頃の「吉野郡家」は、監の設置以前からあったことになる。

土田遺跡では、おおむね七世紀後葉頃、おそらく壬申《じんしん》の乱（六七二年）以降、郡家の中心施設と思われる矩形に並ぶ掘立柱建物群が造られたと考えられ、これが、奈良時代の監に継承されたとみることもできる。

ということは、吉野郡家（および監）を土田遺跡と考えると、「監」になって建物群が新たに整備されたのではなく、すでに使われている建物群をそのまま「監」にしたことになる。さらにその前身として、竪穴住居群が群在する六・七世紀の集落との関係にも留意が必要となってくる。

この前身集落のあり方から、吉野の支配拠点という王権の受け皿を準備した「地元勢力」の存在が見えてくるのではないだろうか。

それは、古代の吉野で王権と深くつながり、大きな権力を発揮しえた地元の氏族、吉野首氏《よしののおびと》と考えることができる。彼らは「郡家」の実質的な管理者（郡司クラスの氏族）で、吉野の離宮を支えた立役者でもあった。彼らの支援を得ながら、土田遺跡は七世紀後葉を境に、王権による吉野の支配拠点（郡家）として再整備され、八世紀になって「芳野監」が設置されるにいたったと考えられる。

当時の郡家の選地にあたり、「地域交通の要衝」「地元の支援・管理体制」といった理由が不可欠と考えれば、吉野のそれらの条件を満たす場所として、土田遺跡のあり方も含めあらためて注目される。

八世紀後半頃になり、土田遺跡の「郡家（監）」的な掘立柱建物群や庭園が廃絶した理由は定かではないが、七四〇年頃を境とする、吉野の社会体制の大きな変容が原因とみられる。たとえば、離宮を統括する「監」の廃止、郡家の移転などが推測されるが、それは飛鳥時代以来の「吉野」の終焉を示す出来事ともいえる。

王権と原吉野

ここであらためて、郡家（監）が置かれた「吉野」の原像を考えてみよう。『古事記』『日本書紀』に描かれた「吉野」は、吉野川北岸の河岸段丘、大淀町比曽から中増にかけて発達した吉野でも数少ない原野。かつそれは、山川の幸に恵まれた古代王権の「狩り場」「御厨《みくりや》」でもあった。

足利健亮は、大淀町東部の比曽寺跡を中心とした吉野川本流北岸の地域を「原吉野《げんよしの》」と名付けた。ただし、その王権の狩り場というイメージは、七世紀代に形成されたもので、当時の王権や吉野郡家の官人たちの管理圏内にとどまるものと考えられる。その範囲もおおむね、現在の大淀町域を含む東西十二キロ、南北五キロのなかにおさまる。そしてその圏内に、原吉野の管理施設（郡家・監）が置かれたと想定される。

逆にその圏外、すなわち、

①車坂峠以西の大淀町西半分から阿太・巨勢（五條・御所市域）にいたる地域
②現吉野山を含む吉野川の南岸以南の地域
③龍門岳の南麓部から宇陀にいたる地域
④吉野川上流域の国栖以東の地域

は、王権や吉野郡の官人たちにとって維持・管理の対象外であったとみられる。

①は北部が大和川（曽我川）水系で高市郡に、南部は阿太郷《あだごう》で宇智郡に、③はその大半が宇陀郡に、それぞれ属していた可能性がある。

②④は吉野郡の領域としての認識があったかどうか定かではない。④については、奈良時代後半になると、丹生川上神社が創建されるが（後述）、記紀・万葉の伝承からは、阿太人・吉野国栖といった地元首長たちが、原吉野の周辺を領有していた形跡もうかがえる。

この「原吉野」には、平安時代の『延喜式《えんぎしき》（神名帳）』に記載のある神社（以下、式内社）として著名な「大名持神社《おおなもち》」があり、その祭神《オオアナムチ》がかつて国中のミモロ山（現奈良県桜井市の三輪山）に鎮座した、古代王権の重要な守護神だったことは、前田晴人をはじめ、多くの研究者が指摘している。

詳しくは後述するが、斉明二年（六五六）、そのカンナビ（神宮・カミマツリの場）が、国栖の居住地に接する「原吉野」の東端部、吉野川上流部の宮滝遺跡に設けられた。

以来「原吉野」は、カンナビを維持する「神領」として、古代王権と強いかかわりをもったと想定される。宮滝遺跡は「吉野宮」の比定地として著名だが、それ以上に古代王権の神祇政策とのかかわりが深い場所でもあった。

また、この「原吉野」で確実に奈良時代以前にさかのぼる古代寺院は、「吉野寺（比曽寺跡）」以外に存在しない。飛鳥時代から奈良時代にかけて、吉野寺は「吉野の官寺」としての寺格を有し、維持・管理されていた。

すなわち「原吉野」とは、

①野……豊かな「狩場」と「御厨」を中心とする経済基盤
②道……紀の川・吉野川による河川交通を軸とする大動脈と峠を越える陸上交通
③人……支援者である地元首長たちの人脈
④施設…郡家と王権のカンナビ・官寺

といったネットワークによって支えられる、七・八世紀を中心とした王権の所領と理解される。

以上のような王権とのかかわりから、この地は「吉野」として再発見されたことになる。

次節では、その王権の領域・原吉野の成立過程と地元氏族たちとのつながりを考察してみよう。

第2節　吉野太子と吉野寺

この節では、蘇我蝦夷・入鹿親子が滅ぼされた乙巳の変（六四五年）後、蘇我系の皇子・古人大兄が吉野に逃れたのはなぜかを考察する。

吉野太子の皇子宮

七世紀の中頃、地元の首長でもあった吉野首や国栖部（人）らの支援を受けて、吉野の地に王権の離宮（吉野宮）が整備された。資料上確実な「吉野宮」の初出は、斉明紀二年条（六五六）。

しかし実態として、吉野の地に王権の拠点が設けられたのは、それをさかのぼる大化元年（六四五）以前、吉野太子とも呼ばれた古人大兄皇子《ふるひとのおおえのみこ》の「皇子宮」の造営にはじまると考えられる。

皇子宮といえば、推古紀十三年（六〇二）十月条に初出する、厩戸皇子（聖徳太子）・山背大兄皇子の斑鳩宮（若草伽藍東方の建物群）がある。「太子」「大兄」と呼ばれた皇子たちには有力な皇位継承者として、それに見合うだけの複数の所領と、所領を管理する組織としての皇子宮が与えられた（厩戸皇子のようにみずからが造営する場合もあった）。

古人の皇子宮にかかわる記録としては、六四五年に起こった乙巳《いっし》の変後、古人がこもったと記す「私宮《きさいのみや》」(『日本書紀』皇極紀四年六月条)がある(これは名の伝わらない妃の宮とみられる)。

また、「古人」の「フル」が奈良県天理市の布留を指すとの指摘や、「古人大市皇子」の別名(孝徳即位前紀)が示す、「オオ(イ)チ」も手がかりとなる。前者の是非は判断材料に乏しいが、後者の場合、『和名類聚抄』(十世紀前半頃成立)にいう志紀郡邑智郷(大阪府)や、奈良盆地東南部の城上郡大市郷(奈良県)と、そこを本拠とした大市首(連・造)らとの関係が想定できる。ただ、その実態についてはまだはっきりとしない。

このように、古人の「皇子宮」はいくつかの想定が可能だが、吉野太子の尊称が示すように、彼が太子として七世紀半ば頃に「吉野」を領有していたことは間違いないだろう。そこには有力な舎人《とねり》たちのいる、彼の軍事・政治・経済基盤としての皇子宮が存在していたと考えられる。

その候補地は、七世紀代にさかのぼる資料(瓦・須恵器など)が確認できるという点から、吉野町の宮滝遺跡、大淀町の土田遺跡群と比曽寺《ひそでら》跡周辺の三箇所にしぼられてくる。

宮滝遺跡は、飛鳥時代の斉明朝以降、奈良時代の聖武朝にいたるまで営まれた、吉野でも屈指の古代遺跡。それを離宮とみなす根拠は、八世紀(奈良時代)前半期にさかのぼる、石敷きをともなう掘立柱建物や、宮都（平城京）系の瓦類の発見である。七世紀代の「宮」にかかわる柱列跡なども発見されているが、それらは祭儀的な要素の強い苑池を中心とした空間であり、軍事・政治・経済的な拠点とはいえない。

また、吉野宮の造営は斉明二年（六五六）以降の事なので、古人の時代にはまだ該当しないと考えられる。

土田遺跡は、七世紀の前葉頃、須恵器の型式でいう高蔵寺《たかくらでら》二一七号窯式の段階から、竪穴住居を中心とした集落の形成が進み、七世紀後半以降、少量の瓦をもちいた掘立柱建物群と蛇行溝（苑池）が広がる「郡家」的な景観へと変わっている。この景観は八世紀にも受け継がれ（ただし遺物は少量）、八世紀後半代には廃絶したようである。

古人が土田の地に滞在した可能性は十分考えられる。しかし、『日本書紀』の記述に基づけば、僧となり「寺」に入るという行動から注目されるのは、当時吉野地域で唯一の仏殿をそなえた、欽明紀十四年条に初出する「吉野寺」（比曽寺跡）だろう。現在その地には曹洞宗の世尊寺が建つ。

比曽寺跡の瓦

吉野寺とその周辺

比曽寺跡で採集された単弁の八葉蓮華文軒丸瓦は、文様構成からみると、吉備池廃寺（桜井市）の創建瓦より新しく、山田寺跡（同市）の山田寺式軒丸瓦よりも古式の特長をもっている。これらはいずれも七世紀中頃の年代とみることができる。

これらの古代寺院は、いずれも王権との強いつながりをもちつつ、蘇我氏の息がかかった渡来系・大陸系の工人たちが深く関与しているとみられる。同様に比曽寺も、瓦のデザインからみて、蘇我氏系の工人がかかわった可能性がある。あえて比曽寺跡の単弁軒丸瓦の製作年代をしぼるなら、六四〇年代半ば頃に位置づけることができる。これは境内で見つかった瓦のなかでは最古期に該当する。

この比曽寺の古瓦と関連して注目されるのは、比曽寺東南方の河岸段丘上に位置するトノカイト遺跡である。現在のところ発掘調査は行われておらず、採集品での判断になるが、七世紀中ごろから八世紀前半代まで連綿と遺跡が形成されたと考えられる。

また、同時期の土器・須恵器に加えて、吉野郡内では極めて稀な古代の文房具（円面硯）なども採集されており、比曽寺の経営にかかわる人々との強い関連性が指摘されている。

この遺跡では、遠方（五條市内）から運ばれた瓦とともに、付近で焼かれたとみられる炉片を含む瓦のほか、ガラス製品の材料になる石英塊、青銅製品などを溶かした金属滓《さい》も見つかっている。

そのためこの遺跡は、飛鳥寺の東南方に隣接する飛鳥池遺跡（明日香村）のような、寺院に関わる瓦や金工製品などの生産工房とその集散地、もしくは、寺院と工房等を一体的に管理する恒久的な施設（後の造寺司に類するもの）と想定されている。

よって、吉野寺の造営とともに、その維持・管理を目的として、多くの工人・知識者集団が、蘇我氏にゆかりのある飛鳥地域より派遣され、集住していたと考えられ、この地は、七世紀代の南山・吉野の地で、飛鳥周辺のような景観を有する拠点集落「邑」で、東漢氏を主体とする渡来系知識人（工人）たちの集住地でもあったといえる。

このような状況から、東西北を山川に囲まれ、南に大峯連山を見晴るかす風水の立地に適った「吉野の邑」が、当時「吉野山」（『日本書紀』孝徳紀大化元年条）とも称され、蘇我大臣家の勢力を母体とした古人の皇子宮となっていたことから、吉野寺は古人が蘇我氏の氏寺として建造させたのではないかと考えられる。

さらに、蘇我氏とも縁の深い初期仏教受容期のシンボルでもあった、茅渟《ちぬ》の海に浮かんで流れて来た樟《くすのき》の霊木でつくった放光仏は、『日本書紀』欽明紀十四年条によると「吉野寺」に移されたことがわかる。伝承に後の粉飾があるとしても、奈良時代以前から吉野寺が「放光仏をまつる寺」として伝えられていた事実は変わらない。

古人は、

①成人をむかえた二〇才前後の六三〇年代から「吉野山」を領有し、有力な蘇我氏系氏族を後ろ盾として地元勢力をとりこみつつ、「原吉野」の開拓事業をすすめていた。

②古人が「吉野山」に設けた（皇子宮）は、まさにその拠点として七世紀中頃に機能していた。

このように考えると、トノカイト遺跡を含む「吉野寺（比曽寺）」周辺は、①古人が向かった「吉野山」であり、②古人の「皇子宮」でもある〈古・吉野宮〉ともいうべき場所でもあるといってもよいので

世尊寺（大淀町比曽）

はないか。

ならば、古人は乙巳の変後、仏道修行を行う場として、どうしてみずからの皇子宮のひとつである〈古・吉野宮〉の地を選んだのか。その理由を次節で探ってみる。

第3節　吉野を継ぐもの

この節では、乙巳の変後、原吉野は誰の手に渡り、壬申の乱につながってゆくのか、壬申の乱の前、天武天皇（大海人皇子）が吉野に逃れたのはなぜなのか、を考察してみる。

乙巳の変とその後

古人とその支持者（田口臣氏ら）を首謀者とした、蘇我政権を再起させる密談は、先述のとおり吉野寺（比曽寺）周辺でなされたと考えられる。

とはいえ、古人が〈古・吉野宮〉に入り、吉野寺で仏に祈りを捧げたのは、深い信仰心によったものとは思われない。

表向きは仏道修行のためであっても、その内実は、滅ぼされた蘇我大臣家の背後にいた渡来系の勢力を味方に引入れ、新政権に対抗する〈ポスト蘇我政権〉を決起させる政治的意図があってのことだったとみられる。このクーデターは内部告発により瓦解し、乙巳の変から三ヵ月後の九月（もしくは十一月）、古人とその一族は新政権によって滅ぼされたと伝えられている。

ただし、古人の娘・倭姫王が中大兄（天智）の妃として生き残り、後に大后となっているが、子には恵まれていない。

乙巳の変で蘇我大臣家が滅ぼされ、続いてそれに深縁をもつ古人も誅殺された後、〈古・吉野宮〉や吉野寺、広大なフロンティア「原吉野」は誰の手に渡ったのか。おそらくそれらの財産は、大化の新政権下に接収されたとみられる。具体的には、吉野首ら地元首長の管理のもと、新たに蘇我本宗家となった蘇我倉山田氏（石川麻呂）と、周辺に移住していた渡来系氏族たち（後述

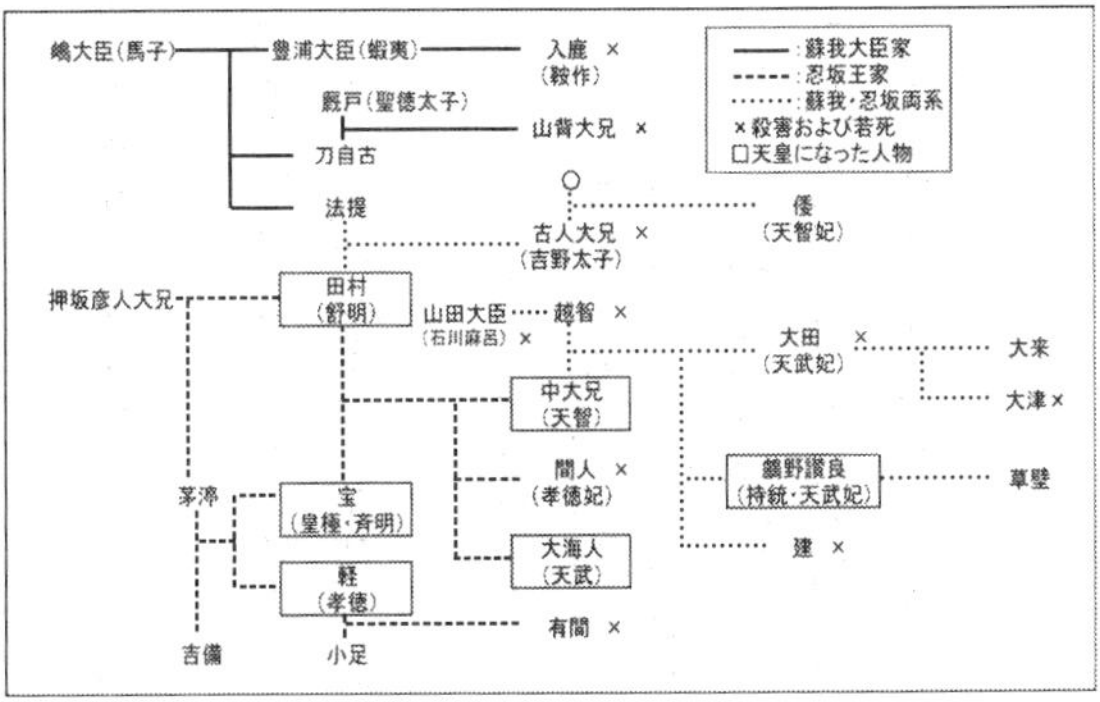

関係系図

する東漢氏など）の活動拠点として、維持されていたと考えられる。

ところが、石川麻呂とその一族も、大化五年（六四九）の三月、新政権の策略により誅滅される（石川麻呂の変）。

〈古・吉野宮〉や吉野寺が、蘇我本宗家に伝えられた所領と仮定し、その血統をたどってみると、石川麻呂の娘で中大兄皇子の配偶者（嬪）として遺された越智媛とその子ら（大田・鸕野讃良《うののさらら》・建）に財産として継承されたとみるのが穏当だ。

ところが越智は、石川麻呂の変の直後（大化五年もしくはその翌年）、建を生んだ直後に亡くなったとみられ、建も斉明三年（六五七）の末頃（もしくは斉明四年の春）、八歳で夭逝。斉明四（六五六）年五月に殯《もがり》が「今城《いまき》」の地におこされたと伝える。また、大田も天智三年（六六四）六月頃、幼い大伯・大津を遺し二〇才前後で世を去っている。越智・大田・建と〈古・吉野宮〉はほとんど接点がみられない。

天智政権のもとで、最終的に〈古・吉野宮〉を財産として継承できる立場にあったのは、石川麻呂の孫にあたる鸕野讃良、すなわち、のちの持統天皇しか考えられない。これが、壬申の乱につながる布石となっていくのではないか。

壬申の乱と吉野

大海人皇子（のちの天武天皇）が、はじめて吉野入りを決意したのは、天智天皇十年（六七一）十月十七日のことだった。

『日本書紀』には「臣は今日出家して、陛下のために功徳を修めんと欲す」と天皇の許しを得、「即日出家法服」の身となり、近江京より「吉野に至り之に居す」（天智紀十年十月二十日条）と記している。続いて十九日の夕方、同記事によると、大海人が飛鳥の「嶋宮に御す」とある。したがって、大海人一行が嶋宮を発って吉野へと向かったのは、翌二〇日の早朝とみられる。

嶋宮は、嶋大臣（馬子。推古三四年・六二六年没）の邸宅から始まり、吉備嶋皇祖母命（斉明の母、吉備姫王。大化二年・六四六年没）→嶋皇祖母命（糠手姫皇女。天智三年・六六四年没）→天智と継承されてきた離宮。定説では、天智の死去にともない、大海人皇子の皇子宮になったとみなされている。『日本書紀』は明確に記していないが、ここには鸕野讃良とその幼い息子（草壁）、数名の女嬬と舎人らがいたと推測される。大海人皇子の嶋宮入りも、これに合流することが目的だったのではないかと考えられる。

ところで気になるのは、天智紀十年条の記述、「出家」だ。出家といえば仏門に入る（法身になる）ことであり、「吉野に至り之に居す」とは古人同様、「吉野寺」に入ったことを意味する。天武即位前紀には「入吉野宮」と記されるが、この記述の違いをどう解釈するかがポイントになる。

この天武即位前記は、勝者の論理で伝えられたものであり、天智紀十年条の記述が、より具体的な事実関係を示していると思われる。いわば、「出家」という言葉は、史実として隠蔽できなかったのである。

七世紀最大の国内戦、壬申の乱のはじまりをめぐる論争では、多くの研究者が古代吉野の聖地性とその意義に注目している。そのなかで、壬申の乱が「吉野」からはじまったと、多くの人々が考えている（玉城妙子ほか）。しかし史料を詳しく見ると、そのスタート地点は明記されていない。大海人がなぜ、わざわざ一族と舎人らを引き連れて僧形で吉野へ入ったと伝えられたのか、簡単には片付けられない問題なのだ。

この場合も、仏門に入るということは、信仰心からではなく、古人の場合と同じカムフラージュに過ぎない。吉野へ入ることに意味があったとすれば、きわめて政治的・経済的な背景が想定される。

その大きな理由は、大海人の妃であり最大の支援者である鸕野讃良の経済基盤が飛鳥・吉野にあり、それが、山田寺も含めて、祖父・石川麻呂から継承した蘇我本宗家由来の財産だった、という可能性にある。

このように、古人・石川麻呂に由来する〈古・吉野宮〉も鸕野讃良の「私宮」の一つで、祖母・斉明女帝の造営した「吉野宮」も斉明の死去後、鸕野讃良に継承されていたとすれば、その後の鸕野讃良（持統）と吉野の歴史的関係も理解しやすくなる。

すなわち、飛鳥から吉野一帯の旧蘇我本宗家由来の財産が、近江に遷都した天智政権下の有力な皇女であった鸕野讃良の経済基盤として継承され、大海人もそれを頼りに近江を抜け出したということになるのだ。

大海人がまったく縁のない辺境の地・吉野へ逃げ込んできたという、従来描かれていた壬申の乱のイメージでは、その本質的な理解は得られない。妃と子供たちを連れての吉野入りは、古人の行動に同じく、すでにこの時点で新政権の発足が意図されていたと考えざるを得ない。

鸕野讃良はその場合、近江から来る大海人を嶋宮で待ち、飛鳥で合流し吉野に入ったことになる。鸕野讃良は大海人の行動を予見し、飛鳥・吉野でその受け入れ体制を整えていたのであり、大海人は安心して鸕野讃良のふところに飛び込んだのだ。

さらに、大海人一行の東国への遠征が始まった時点で付き従っていた舎人二〇数名のなかに、書直《ふみのあたい》（のち文忌寸《ふみのいみき》）智徳《ちとこ》がいることは見逃せない。

彼は舎人であり、渡来系の文人であったとみられるが、当初から〈古・吉野宮〉（具体的にはトノカイト遺跡周辺）に起居していたとみられ、彼も、法身の大海人に就いて仏道修行をおこなったとみられる舎人の一人だが、「吉野寺」の造営氏族と目される東漢氏集団の長で、鸕野讃良との関係も深く、新政権の事前工作にも関与していたのではないかと推測される。

吉野という遺産（レガシー）

壬申の乱前夜、十二月には天智天皇が四六歳で没し、翌年（六七二）の六月二二日、天下分け目の決戦となる壬申の乱が始まる。現在その出発地点は宮滝遺跡、すなわち「斉明朝に造られた吉野宮」と通説的に理解されている。たしかに「吉野宮」は、天武・持統と強いかかわりをもつ場所だが、壬申の乱との兼ね合いに関しては、史料からもよくわかっていない。また、大海人が「僧形の皇子」として吉野に入ったのは明らかにカムフラージュと思われるが、大海人と吉野寺との関係がいかなるものだったのかについても手がかりはない。

これに関して『日本霊異記《りょうい》』の伝承が注目される。それは、現在の豊浦寺（明日香村）、推古天皇の時代に「豊浦宮」として初出する蘇我氏系の古代寺院「豊浦堂（向原寺）」に安置されていた「光を放つ阿弥陀の像」を、その後「吉野の竊《ひそ》（比蘇）寺」に移したとする、紀伊・大伴氏の一族、大部屋栖野古《おおとものやすこ》にまつわる伝承だ（「三宝を信敬し現報を得る縁第五」『日本霊異記』上巻）。

これは、九世紀に流布していた説話だが、吉野寺（比曽寺）は平安時代においても、仏教を擁護した蘇我氏の法灯を継ぐ拠点寺院として吉野の山中に移されたもの、と認識されていたことになる。

伝承のように吉野寺本尊の放光仏が、実際に豊浦寺から移設されたのなら、仏像だけでなくそれ以外の経典類も、同時に吉野へ招来された可能性は十分に考えられる。

その招来された時期が問題となるが、伝承がいう敏達天皇の時期（六世紀後半）は、様々な研究をふまえても後世の付会と考えられる。比曽寺跡の最古期の瓦が乙巳の変（六四五年）前後に位置づけられ、古人の吉野入り以前にはさかのぼりえないことを勘案すると、その招来の時期は『日本書紀』に記された、古人の吉野入りのタイミング（六四五年六月）と合致する。

上述の「豊浦堂の放光仏伝承」は、乙巳の変の後、古人の吉野寺入りとあわせて、蘇我大臣家（蝦夷・入鹿）が管理していた豊浦寺の放光仏を含む諸々の仏像が、「吉野寺」創建の精神的支柱として吉野に招来されたことを伝えているのかもしれない。またその際、飛鳥近辺から蘇我氏ゆかりの渡来系知識人と工人たちを招き、彼らの私持していた仏具・経典類もあわせて「吉野寺」に施入されたのではないかと想像される。

ちなみに、吉野寺の記述が『日本書紀』に少ないこと、王権とのかかわりが不明瞭にされている点は、『日本書紀』の編集者による巧妙な添削の結果とみられる。あるいは、それは王権にとって消したい（けれども消し難い）記憶だったのかもしれない。『霊異記』はその空白をうめる貴重な伝承といえよう。

このようにみてくると、やはり古人の皇子宮〈古・吉野宮〉は、僧形となった古人の出家を機に、「吉野寺」として整備されはじめたのではないか。「宮」がその後「寺」に転換してゆく事例は、斑鳩地域の斑鳩宮→法隆寺の東院伽藍、中宮→中宮寺、岡本宮→法起寺、飛鳥地域の川原宮→川原寺、平城京の新田部親王宮→唐招提寺など枚挙にいとまがない。「古・吉野宮」は、滅亡した蘇我大臣家ゆかりの「放光仏」をまつる法窟（寺）を含んでいたがゆえに、蘇我の血をひく法王・古人、そして、同族の石川麻呂家とその血統を継承する鸕野讃良（その夫君である大海人）の「遺産（レガシー）」として領有されることに意味があったのではないだろうか。

このように、飛鳥・豊浦と吉野・比曽を結ぶ放光仏伝承は、正史としての『日本書紀』の裏側で、長きにわたって語り継がれてきた。史料にほとんど記されなかった〈吉野外伝〉がほのみえる。

第4節　吉野宮の実像

この節では、「神仙境」たる宮滝の地に斉明天皇が、「吉野宮」を創設した背景と、後の持統天皇の在位三十一回にわたる吉野宮行幸はなにを意味しているのか、聖武天皇が疫病退散の祈りを奉げた「南山の九頭竜神」とは何か、大和国で二番目に「正一位」の神格を得た「大名持神社」が吉野にあったのはなぜか、などを考察する。

吉野宮の創設と道教

宮滝遺跡では、昭和六二年（一九八七）春の第三八次調査で、飛鳥・奈良時代の遺物に混じって五世紀後半の雄略期の須恵器の破片が数点出土した。中国の南朝と交流をもった倭の五王・武（雄略天皇）が、神仙思想の影響を受け、風水思想の理に叶ったこの地に離宮を営んだ可能性がうかがえる。調査を担当した前園実知雄は、雄略天皇の「朝倉宮」とされる脇本遺跡（桜井市）と宮滝遺跡は地形的に共通性があり、斉明天皇の吉野宮創設の背景に雄略天皇の「吉野宮」への憧憬があったとみている。

脇本遺跡は、北と東西が山囲みで南が開け、前に初瀬川が流れ、川向かいにカンナビ山（外鎌山）が

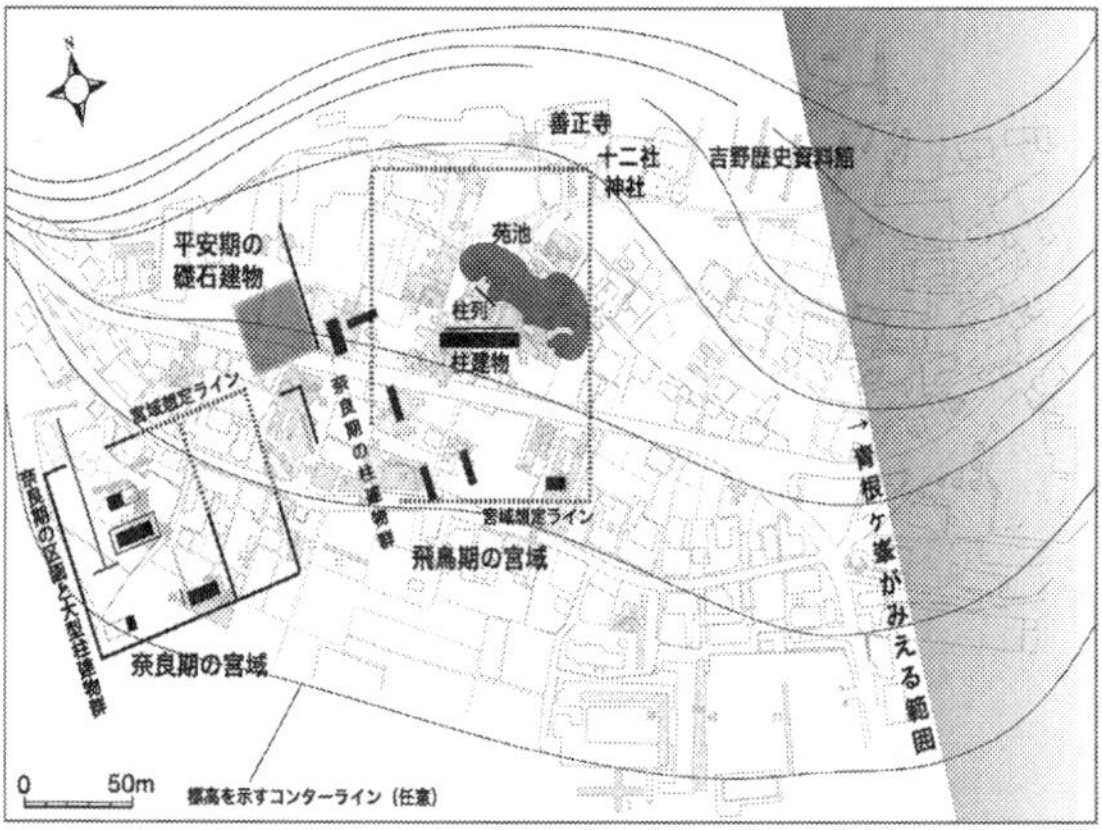

宮滝遺跡の周辺

あり、まさに風水に叶った地にある。宮滝遺跡も北と東西が山囲みで南が開け、前に吉野川が流れ、川向かいにカンナビ山（象山）があり、同様に風水に叶った地にある。

また『古事記』には、雄略天皇が吉野宮行幸時、美しい童女に出会った時の歌として「呉床居の　神の御手もち弾く琴に　舞する女　常世にもがも」とある。

『万葉集』にも、吉野川を舞台とした仙柘枝《やまひとつみのえ》の歌がある。「この夕暮　柘のさ枝の　流れ来ば　梁は打たずて　取らずかもあらむ（巻三―三八六）。意訳すると、「今宵、もし仙女と化した柘の枝が流れてきたならば、梁は仕掛けていないので、枝を取らずじまいになるのではなかろうか」。まさに道教的な神の世界だ。

清流が岩をかみ奔流する「神仙境」たる宮滝の地で、斉明天皇が吉野宮を造立した背景には、すでに六世紀頃に成立していたとみられるこの原伝承が影響したのかもしれない。

ところで、斉明天皇となる以前の皇極天皇は、蘇我蝦夷に擁立されたわけであるが、仏教は欽明朝から蘇我氏に独占されていた。『日本書紀』皇極紀元年（六四二）七月二五日条には、蘇我蝦夷が雨乞いのため大乗経を転読させたが、微雨のみで効がみられなかったので同二九日にやめさせた（仏教的雨乞い）。ところが、八月一日に皇極天皇が飛鳥川の上流「南渕」に行幸し、ひざまずいて四方を拝み、天を仰いで祈ると雷が鳴って大雨が降り、その雨は五日間続いた（道教的雨乞い）。天下万民はともに天皇を称えた、とある。

仏教が王権に接収されたのは、乙巳の変後の孝徳朝。その後、孝徳天皇の後は斉明天皇が再び即位したので、一時的にせよ王権が道教に傾倒した理由は、斉明の道教的な神祇政策にあるのかもしれない。

『日本書紀』斉明紀二年（六五六）条には、「吉野宮」をつくるとあり、同年、飛鳥に「狂心の溝」と揶揄された運河を造り、酒船石遺跡や道観としての両槻宮《ふたつきのみや》を創建した直後の時期でもあり、吉野宮の創設にあっても道教思想の影響が考えられる。

再び天皇となった斉明女帝は、当時都人によって神仙境と目された宮滝の地を聖地と見定め、その真南の象山《きさやま》を仰ぎ見る場所に「吉野宮」を造り、湧水源から導水した苑池で王権の祭祀を催行したと考えられる（なお後述）。

どうして吉野が、道教的祭祀の場として選ばれたのか、いくつかの謎は残るが、すくなくとも斉明朝の吉野は、吉野宮を中核とする「神領」として成立したとみてよさそうだ。この神領は、特定の氏族が占有できない領域として、七世紀中頃、王権により設定された「（仮称）吉野評《こおり》」の成立と不可分の関係にある。また「この頃、吉野川沿いの吉野の横穴式石室墳が終焉を迎えていることも、関連がありそうである」（松田度）。これは、「和泉監」と同じく霊亀二年（七一六）から天平十二年（七四〇）頃に設置されていたとみられる「吉野監」の領域の先駆的形態といえる。

このように、王権の聖地「吉野宮」を支える経済基盤としての「野」と、交通路としての河川（吉野川・紀ノ川水系）の確保・維持管理を目的として、七世紀の後半代の「吉野」には、資料にもあらわれない王権の動員工作があったと推測される。そして、この神域の維持管理が、持統朝を経て、王家の管理・統治機関として設けられた「吉野監」に継承されたと考えられる。

宮滝遺跡は、斉明二年（六五六）、斉明女帝が王権のまつり場（カンナビ）として整備したと考えられる。そして、六六一年に斉明女帝が死去したのち、その後継者として、鸕野讃良が吉野のカンナビの奉

吉野行幸の履歴

和暦	西暦	内容
斉明5年3月	659	吉野宮行幸(『日本書紀』)
天智10年	671	大海人皇子、吉野宮に入る(『日本書紀』)
天武元年	672	大海人皇子、吉野宮を発つ。壬申の乱(『日本書紀』)
天武8年	679	吉野宮行幸。吉野の盟約(『日本書紀』)
朱鳥3～11年	689～697	持統天皇(689年称制)、以降31回吉野行幸(『日本書紀』)
大宝元年2月	701	文武天皇、吉野離宮行幸(『続日本紀』)
大宝元年6月	701	持統太上天皇、吉野離宮行幸(『続日本紀』)
大宝2年6・7月	702	文武天皇、吉野離宮行幸(『続日本紀』)
養老7年5月	723	元正天皇、芳野宮行幸(『続日本紀』)
神亀元年3月	724	聖武天皇、芳野宮行幸(『続日本紀』)
天平8年6・7月	736	聖武天皇、芳野離宮行幸。吉野監と側近の百姓に物を賜る(『続日本紀』)
昌泰元年	898	宇多上皇、菅原道真らを伴い宮滝行幸(『扶桑略記』)

斎権を継承し、それは壬申の乱以降、彼女の死去まで続いたと考えられる。「吉野宮」は神まつりの場、神に誓う場であり、飛鳥王権にとっては伊勢・出雲とならぶ重要なカンナビの一つだった。

この「吉野宮」のカンナビは、九世紀のある段階まで王権が管理していたとみられるが、七世紀末から八世紀前半の一定期間、その西方の隣接地に新たな「芳野宮（芳野離宮）」が整備される。

平成三〇年（二〇一八）に発掘された、四面庇の大型掘立柱建物（吉野宮の正殿）も、西本昌弘・菅谷文則の説によれば、天武・持統朝までさかのぼる可能性がある。吉野町教育委員会・橿原考古学研究所の「史跡宮滝遺跡第七〇次調査報会・遺跡解説資料」（令和元年八月三十一日）によると、遺跡の一角で、正殿・後殿の建物、正殿中心線に左右対称の脇殿と長大な塀が確認されている。大型掘立柱建物は、当時天皇にしか許されない桁行九間（二三・七メートル）、梁行五間（九・六メートル）の四面庇の東西建物。平城宮の内裏を縮小した規模で、柱穴から発掘された瓦の年代により、奈良時代前半に建造された吉野宮（離宮）の正殿建物であることが判明した。

柱掘形の規模は、一辺一・二～二メートル。柱の直径は三〇センチ程度とみられる。大型掘立柱建物（八世紀前半）の柱掘形には数時期の重複関係があり、掘り返し回数は最大六回を数え、この場所に同一規模で何度も建て替えられたと考えられる。

発掘された建物群は、正方位に対し西に十八度振れ、吉野川に平行して建てられているが、平城宮の建物は正方位に築かれている。また、建物の周囲には人頭大の石敷き遺構がある。元正・聖武天皇の平城宮では石敷きは井戸周辺のみだが、飛鳥宮では各所で使われている。宮滝遺跡の敷石遺構と大型建物は、飛鳥宮跡の様相と類似しており、奈良時代の宮殿様式とは異なるようだ。

今回の発掘調査で確認された後殿・脇殿は、正殿との配置関係からみて「吉野監」の建物とは考えられない。両脇殿は共に南北建物ではなく東西建物である。吉野川縁に建てられ、吉野川を強く意識した建物群は離宮の特徴をよくあらわしている。

以上を総合して考えると、壬申の乱後の持統天皇の吉野行幸時に、この大型建物が建造された可能性もある。この大型建物は、吉野川直近に川に平行して建造されており、持統天皇に供奉した歌人によって万葉歌に詠まれた「高殿《たかどの》」を彷彿とさせるものである。

とはいえ、持統朝も神地(カンナビ)としての吉野宮の機能は継承されていたと考えられ、その中核になったのは、後述する「苑池」であり、政治空間としての「高殿」と、祭儀空間としての「苑池」という二面性が現れだしたのも、この段階ではないかと推測される。持統(大上)天皇の死後、この吉野宮がどのように変わっていったのかはまだ明らかではないが、八世紀代には離宮的な性格が強化され、衣食住やニエなどを貢納する「御厨」を管理し、吉野郡全域（当時は「原吉野」の範囲）の動向を監視しながら、律令政府との太いパイプを確保していた国家機関「吉野監」が成立したと考えられる。

南山の九頭竜神

天平七年（七三五）頃から始まった、天然痘の大流行を鎮めるため、聖武天皇は自ら芳野離宮で、吉野の神に天然痘の鎮静化を祈った（藤原四兄弟の死は七三七年）。

平城宮跡（奈良市）でみつかった木簡には、「南山の九頭龍」に「唐鬼（天然痘）」を食べてもらうとの聖武行幸の趣旨説明が記されている。この「九頭龍」とは、いったいどんな神なのだろうか。

平城宮跡・二条大路南側の溝からは、長さ十一・一チセンの呪符（まじない）を記す木簡が出土した。そこには、「南山之下有不流水　其中有一大蛇九頭一尾　不食余物但食唐鬼　朝食三千暮食八百急々如律令」と記されていた。その意味は、「南山のふもとに流れずに留まっている水がある。そこには頭が九つ、尾が一つの大蛇が住み、唐鬼（天然痘）しか食べない。朝には三千、夕には八百の唐鬼を食べる。早急にこの効果が行き渡るように」。

和田萃によれば、これは当時流行していた疾病（唐鬼）を治めるための呪符木簡で、聖武天皇の芳野（吉野）離宮行幸にともない作成されたとみられる。また和田は、「南山」が吉野を指し、「大蛇九頭一尾」とは請雨の対象となる龍神（オロチ）の一種であることを説いている。

この木簡からわかるのは、南山（吉野）の下《ふもと》に流れない水（池か）があり、そこに「九頭龍」がいると認識されていたこと、そしてこの芳野（吉野）離宮への行幸には、疾病退散の祈念を「南山の九頭竜」に対してとりおこなう、という目的があったこと。この「南山の九頭龍」の解明が問題となってくる。

ここで考えたいのは、「南山の九頭竜」と貞観元年（八五九）の段階で最高位となる正一位の神格を有していた、吉野の大名持神社の祭神・オオアナムチとの関係だ。

持統・文武朝以降、特に大宝律令の制定後、天武系の皇統のもと、急速に律令国家体制の整備が進んだ。また、『記紀』の編纂にともない神々の再編成も行われた。そして、天ツ神のシンボルとしてアマテラスが伊勢に、国ツ神のシンボルとしてオオアナムチが出雲に、それぞれ都の東方と西方で、それぞれ皇祖神・国家守護神として祭祀された。

ただし、七世紀末以前のオオアナムチは、ミモロ山（三輪山）の神をさす（前田晴人）。三輪山の西麓域は、磯城《シキ》の地名を冠する、歴代王宮の故地だ。欽明朝（六世紀中～後葉）の王宮（金刺宮）も、三輪山西麓域の「倭国磯城郡磯城嶋」「師木嶋大宮」（欽明紀元年条）に営まれた。シキの地はその後、ヤマト

（日本）の象徴となり、「志貴嶋の　倭国は　言霊の　助くる国ぞ　まさきくありこそ」と詠われている（『万葉集』巻十三—三二五四）。その背景には、「建邦神」（欽明紀十六年条）の象徴である三輪山が強く意識されていたと考えられる。

三輪山が「王権の象徴（祖霊）」とされていたことは、敏達紀十年二月条に記す蝦夷の魁師・綾糟《アヤカス》の盟誓にもあらわれている（「乃下泊瀬中流。面三諸岳漱水而盟曰。（略）臣等若違盟者。天地諸神及天皇霊絶滅臣種矣」）。ここでは「天皇霊」という言葉が使われている。

また、比叡山の麓、日吉大社（滋賀県大津市坂本）が伝える「日吉社禰宜口伝抄」によると、天智七年（六六八）戊辰三月三日、近江宮鎮護のため「大比叡宮」に三輪山のオオアナムチが勧請されたと伝えている。この大比叡宮は、山頂に磐座（金大巌）を擁する牛尾山（三七八㍍）の麓、式内

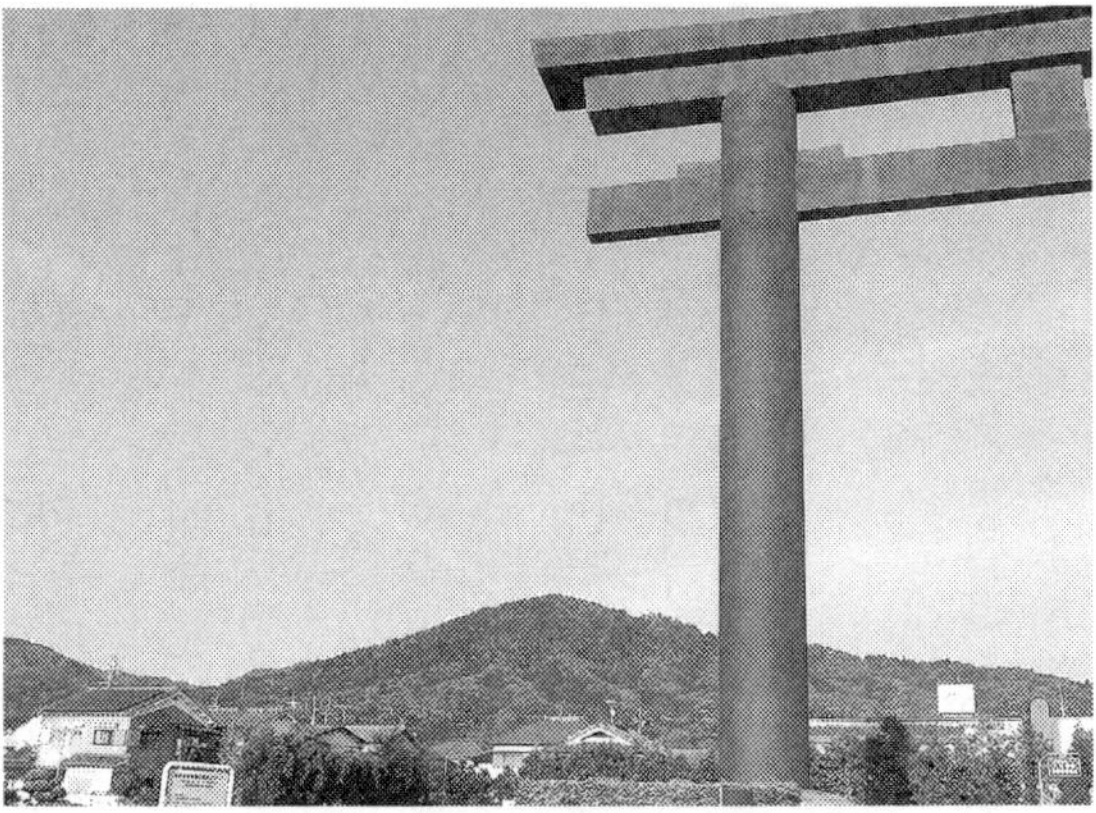

三輪山（桜井市）

社の「近江国志賀郡日吉神社（現日吉大社）」の西本宮（大宮）を指し、日吉のオオアナムチ（大比叡神）が近江国の神格の中で長らく最高位を維持していた。

このような、オオアナムチと王権との深いつながりを勘案すれば、吉野のオオアナムチも、「吉野宮」の造営にあたり、王権の「近き守り神（出雲国造神賀詞）」として、三輪山から勧請されたとみてよいだろう。そのはじまりは七世紀半ばの斉明朝で、宮の造営にともない、宮滝の地の南にそびえる象山が、オオアナムチのこもる三輪山にみたてられたことに端を発するのではないかと考えられる（松田度）。

これに対して、貞観元年（八五九）正月二七日、式内社の「大和国吉野郡大名持神社」は、「京畿七道諸神進階及新叙。惣二百六十七社。（略）大和国従一位大己貴神正一位」として、最高位の神格に叙せられる（『日本三代実録』）。そして同年の二月朔日条には、「大和国従一位勲二等大神大物主神並奉授正一位」とあり、三輪山の神も正一位となっている。オオアナムチは平安時代にも「吉野」に鎮座し、三輪山の神とともに、高い関心をもたれていたことがわかる。

三輪山の神は、記紀編纂時の八世紀初頭頃には「大蛇（オロチ）」（雄略紀七年条）と認識されていた。つまり、この「大蛇」の認識にもとづき、律令政府の高官たちによって、吉野のオオアナムチが「南山の大蛇九頭一尾」と表記され、そのオロチ神に「疫病をのみこんでほしい」という祈りをこめて、呪符木簡の文言も記されたものと解釈できる。

オオアナムチと苑池

ならば、このオオアナムチの神殿は吉野のどこで、どんなかたちで奉祭されたのか。象山の東麓（喜佐谷川の下流右岸）にある「大穴牟知命」を祀る桜木神社（吉野町喜佐谷）か、もしくは宮滝から吉野川を下って三キロの地、妹山《いもやま》（標高二四九メートル）の南麓（吉野町河原屋）にある「大名持御魂神」をまつる大名持神社が手がかりとなる。

ところで、大神神社の「大神神社鎮座次第」（『三輪叢書』所収）によると、中絶していた三輪山の祭礼（卯月祭）が宇多上皇の御世、寛平十年（八九八）に再興されたと伝え、上皇となった宇多（寛平九年譲位）が、三輪山の祭礼復興に関与した事情を伝えており注目される記事である。

そして、寛平十年四月の改元（昌泰元年）をへて、『扶桑略記』等に記す上皇の宮滝行幸は十月に挙行されたが、妹山は通過地点の一つにしかすぎなかった。その際一行が、先述の三輪山への関与をふまえて、正一位の神を奉拝せずに通過したとは考え難い。よって、貞観元年（八五九）から昌泰元年（八九八）頃の「大名持神社」は、上皇が確実に馬歩を留めたと記す宮滝付近に求めるのが妥当だ。

そのうえで、宮滝遺跡の礎石建物（平安前期）があらためて注目される。この建物の性格は不明だが、①宮滝遺跡で唯一の礎石建物、②礎石付近で同時期の瓦が出土しない（寺院建築ではない）、③建造に先立つ土器埋納（地鎮の必要性）、④近辺に同時期の生活痕跡（雑器の廃棄土坑など）がみつからない、といった特徴をもつことから「社殿」であった可能性も考えられる。

また、この建物が飛鳥・奈良期の宮域に隣接し、南方の象山を遥拝する場所に位置している点も見逃せない。宮滝の地名も、この時すでに廃絶していた吉野離宮ではなく、「大名持神社（宮）」に由来すると考えられる。

ちなみに、礎石建物から一五〇㍍ほど東方、宮滝遺跡第六四次調査地点では、同時期（九世紀）の溝と土器が出土しているので、当時の居住空間は、おそらくこの礎石建物とは別に、東方の段丘面に広がっていた可能性が考えられる。

宮滝遺跡の発掘調査によれば、鎌倉時代以降は墓葬地となっており、宮滝の「社殿」もその頃すでに廃絶していたのだろう。その社は、いつの頃か「大穴道 少御神の 作らしし 妹背の山を 見らくしよしも」（『万葉集』巻七―一二四七）と詠われた「妹（背）山」に勧請（移設）されたようだ。

現在の妹山は、人工林の杉や桧といった針葉樹の多い吉野にあって、広葉樹林の樹叢を残す国指定の天然記念物になっている。これは平安時代頃から忌山《いみやま》（斧鉞を入れない山）として守られてきたとの地元の伝承に符合する。これは大名持神社の移設に絡む伝承と考えられる。

さて、その移設の詳しい時期は、大神神社の史料（類社鈔）に妹山の社が「妹背山神社」として登場する康安元年（一三六一）以前とみられ、さらにいうと、寛仁四年（一〇二〇）、藤原道長が高野山参詣の途次、龍門寺を参詣し、現大名持神社前の河畔から乗船し、吉野川を下ったとされているが、その社に立ち寄った記録がない事から考えて、道長参詣の寛仁四年以降と想定される。

なお、喜佐川沿いの桜木神社も宮滝遺跡の対岸であり、象山が強く意識される立地を選択している。宮滝の社殿の「廃絶」後、現桜木神社にもその記憶が残されているとみてよいだろう。

こうみると、聖武朝の吉野（離）宮の地・宮滝遺跡では、平安時代のある時期までオオアナムチが祀られていたと考えられる。

吉野のオオアナムチをまつる神社（社殿）としては、先述のとおり、可能性のある平安時代（九世紀後半）の建築遺構が宮滝遺跡の発掘調査で見つかっている。しかし、昌泰元年（八九八）に行われた宇多上皇の宮滝行幸以前の社殿の存在については明らかにされていない。

宮滝遺跡では、聖武朝の離宮跡とは別に、飛鳥期「吉野宮」の中枢部で、東西五〇㍍、南北二〇㍍の不定形の「苑池」が発見されている。苑池の埋没時期は、西半分（七世紀後半）と東半分（八世紀中頃）で異なることがわかっている。最終埋没は平安時代（九世紀後半頃）とみられるが、八世紀中頃の聖武朝の土器・須恵器が、大量にかつ破砕された状態で苑池のなかに投棄されていたことから、これは、聖武朝前後に苑池のほとりで何らかの祭儀が行われたことを示している。おそらく「九頭龍」はこの「苑池」に降臨すると観念されたようだ。

ところで、都に猛威をふるう天然痘の脅威からの救済を「南山の九頭龍」に祈願した聖武天皇だが、心中にはやはり、称制時を含む在位中に三一回もの吉野行幸をおこない、吉野宮で何らかの祭儀を続けていたという、曾祖母・持統天皇の残影が去来したのではないだろうか。

実のところ、持統天皇の吉野行幸は、水のまつりという側面を持ちつつも、天智と天武の間を繋ぐ自身の複雑な立場を切り拓くべく、王権の守護神に祈るための、個人的心情を含んだ行幸だったのではと想像する。吉野宮での六皇子の盟約（天武紀八年）もその表れの一つと考えられ、これらの行幸にも、吉野の大神・オオアナムチの鎮魂が深くかかわっていたとすれば、吉野宮行幸の謎も解けそうな気がする。

以上のように、請雨祈祷の霊地だった平安京の神泉苑が龍神の降臨地であったように、宮滝でも平安時代以前は社殿でなく苑池でオオアナムチ（九頭龍）の奉斎がおこなわれていたと考えれば、この地でなぜ九頭龍神が祀られていたのか、なぜ平安時代以前の社殿が見つからないのかといった、様々な疑問点も氷解するのではないか。

九頭龍神のゆくえ

持統（太上）天皇の死後、吉野宮でおこなわれていたオオアナムチの祭祀とは別に律令国家による「芳野水分峯神」（『続日本紀』文武二年条）への祈雨祭祀も始まるが、吉野では律令以前からの神・オオアナムチ（九頭龍神）の存在が聖武朝まで際立っている。斉明二年（六五六）、三輪山より勧請されたオオアナムチの祭祀も、吉野の盟約（六七九年）、持統天皇の三一回の行幸（六八九〜六九七）、聖武天皇の行幸（七二四・七三六年）をへて、昌泰元年（八九八）の宇多上皇の宮滝行幸を最後に記録が途絶える。聖武朝以後は正史にも登場しないが、吉野離宮を管理し、吉野監（郡）の大領をつとめた吉野連氏や、吉野宮の造立にともない、謡曲「国栖」や『古事記』『日本書紀』の応神天皇と吉野の伝承が語るように、王権との関係性を深めた吉野国栖の氏族系譜にも影響をあたえていったようすがうかがえる。

まず注目されるのは、国栖の人々がまつる式内社「川上鹿塩《かしお》神社」。大蔵神社（吉野町南国栖）、もしくは川上鹿塩神社（吉野町樫尾）に比定されるが、いずれも祭神として「オオクラ」と称する神を祀っている。大倉比売は、オオアナムチの女子・下照姫の別称。オオクラは大きな「クラ（グラ）」すなわち巨岩のことで、国栖の祖先神「イワオシワク」がオオアナムチの子と位置づけられたことを伝えている。

また、式内社（高市郡五四坐）のひとつ「気吹雷響雷吉野大国栖御魂神社《いぶきいかづちなるいかづちよしのおおくずみたまじんじゃ》二坐（名神大・月次・相嘗・新嘗）」は、複数の神名が混在しているとされているが、その名には龍神を示す「雷」と「吉野」「国栖」がふくまれている。

これは、本来吉野でまつられていた国栖（御魂）神が、氏族の移住などの理由で高市郡内に分祇（勧請）されたためと考えられる。その神格が高く「名神」であること、その名が「九頭（国主・国栖・九頭）明神」と呼ばれていたことも、「南山の九頭龍」との関係で留意が必要である。

さらに注目したいのは、天から降臨したという伝承をもつ吉野連の祖先神だ。『新撰姓氏録（大和国神別条）』にみる「加弥比加尼《かみひかね》（白雲別神の女・豊御富）」は、式内社（葛下郡十八座）のひとつ長尾神社（葛城市長尾）の祭神にもなっており、別名を「水光姫《みひかひめ》」ともいい、その正体は白蛇ともされ、天水（雨）と蛇（龍）のダブルイメージから九頭龍神を母体に生まれた神とみてよさそうである。また別称の「御富（みほ・みふ）」は、後述する丹生神「ニウツヒメ（ミフツヒメ・ミホツヒメ）」のイメージとも重なってくる。

この宮滝の大名持神社については、平安時代後期以降、宮滝の地からやや下流、吉野川の「潮生渕」を見下ろす妹山のふもとの地に遷座したと考えられる（前述）。

つまり、藤原道長の龍門寺詣の時、すなわち寛仁四年（一〇二〇）頃から、都の公家勢力の衰退とともに「妹背山神社」と名を変えて再登場する康安元年（一三六一）までの間に、龍門寺と龍門荘を含めて興福寺の管理下に入ったとみられる。

正平十四年（一三五九）から同二〇年（一三六五）にかけて書写された、川上村運川寺に残る大般若経（六百巻）には、「龍門庄」『大汝宮」の朱印が押されている。

また、南北朝時代から続く「龍門大宮」（現龍門山口神社・高鉾神社）の宮座の記録である「大頭入衆日記」によると、応永七年（一四〇〇）九月四日条の「座衆百姓評定」では、大名持神社の神主を「大汝神主」と記している（吉野町教育委員会『上田家文書』所収）。この時点で大名持神社は、「大汝神」と呼ばれ、地元龍門郷の管理となっていた事がわかる。

続く江戸時代でも、享保二十一年・元文元年（一七三六）に開板された地誌『大和志』には「オホナンジ」、寛政三年（一七九一）の『大和名所図会』でも「おほなんじ」とルビがふられている。つまり、大名持神社は十五世紀以降「おおなんじ」と呼ばれていたのである。

また『大和志』には、大汝宮に近接して神宮寺「大海寺」があったことが記されている。「大汝」の字がいつの頃か「大海」と解された可能性もあるが、これが六月晦日にこの神社下の渕で熊野灘の「潮《しお》」が湧く、という民俗伝承につながってくる（この不思議な「潮生渕」の由来については次節で述べることにする）。

『なお、現在の「大名持神社」の名称は、江戸時代の末ごろ、『延喜式（神名帳）』をもとに復興されたものと考えられる。』（池田淳）

第5節　丹生川上神社の成立

この節では、吉野川筋には「丹生（水銀鉱床）」がないのに「丹生川上神社」が創設されたのはなぜかを考察する。

丹《に》とはなにか

吉野川本流には、もともと丹生川の呼称はない。しかし、古代の吉野を考える時、「丹生（にう・にふ)」という言葉と、「丹生川上神社」の問題を避けて通ることはできない。

「丹」は古来、金とともに神聖視された鉱物である真朱・朱砂・辰沙(水銀朱)に代表される赤色顔料のことである。つまり「丹生」とはその産出地ということになる。松田寿男の『丹生の研究』によれば、「丹生」と表される地名は全国に四十八ヶ所あり、「丹生」と名称のつく社寺は一五九ヶ所、その祭神はほぼ「ニウツヒメ(丹生都比売)」ということだ。

ニウツヒメといえば、吉野川を下った紀の川南岸に位置する高野山麓(和歌山県かつらぎ町)の丹生都比売神社を中心に広大な信仰圏を有する神だが、それと水銀朱はどういう関係にあるのだろうか。たとえば、地元吉野の研究者である玉本太平は著書で次のように述べている。

『かつて中社(丹生川上神社)の前を流れる高見川も丹生川と呼ばれていた。高見川の支流である四郷川を中社から一・五キロメートル程遡った大字三尾では、昭和四十六年(一九七一)まで銅の採掘を行っていた事実を認めることができる。銅の採掘以前には、朱砂が採掘されていたであろうことが鉱脈の成りたちから判断でき、「丹生川上社」となるまではおそらく「丹生社」であったのだろう。又『日本書紀』(神武天皇即位前紀 戊午《つちのえうま》九月)条の丹生川上における神武天皇の祈誓「吾、今し厳瓮《いつへ》を以ちて丹生の川に沈めむ」における厳瓮は、当然に朱砂が使われたものであり、その朱砂は丹生川上近辺から採掘されたものと考えられる。つまり、この儀式が行われた少し上流の三尾で採掘された朱砂が使われたということになるであろう。』

しかし、インターネットでも公開されている山口大学工学部学術資料展示館作成の「水銀鉱床分布図」によると、奈良県周辺の水銀鉱床は「丹生・佐奈（三重）」「大和・小松・東郷（奈良）」「多武峰（奈良）」「千早（大阪）」とされ、中央構造線に沿って宇陀や伊勢・河内に分布するが、吉野川（紀の川）沿いに水銀鉱床は見当たらない。

そこで思い当たるのが、金と金峯山の関係だ。吉野の山々が、仏教的な観念や清浄なカンナビの山としての道教的観念から「金峯」と称されたことは後述するが、ここでも同様に水銀朱の「赤」に見立てられた観念的な「丹生」が想定される。

それが何を意味するかを考えたとき、奈良県と三重県の分水嶺である高見山の西

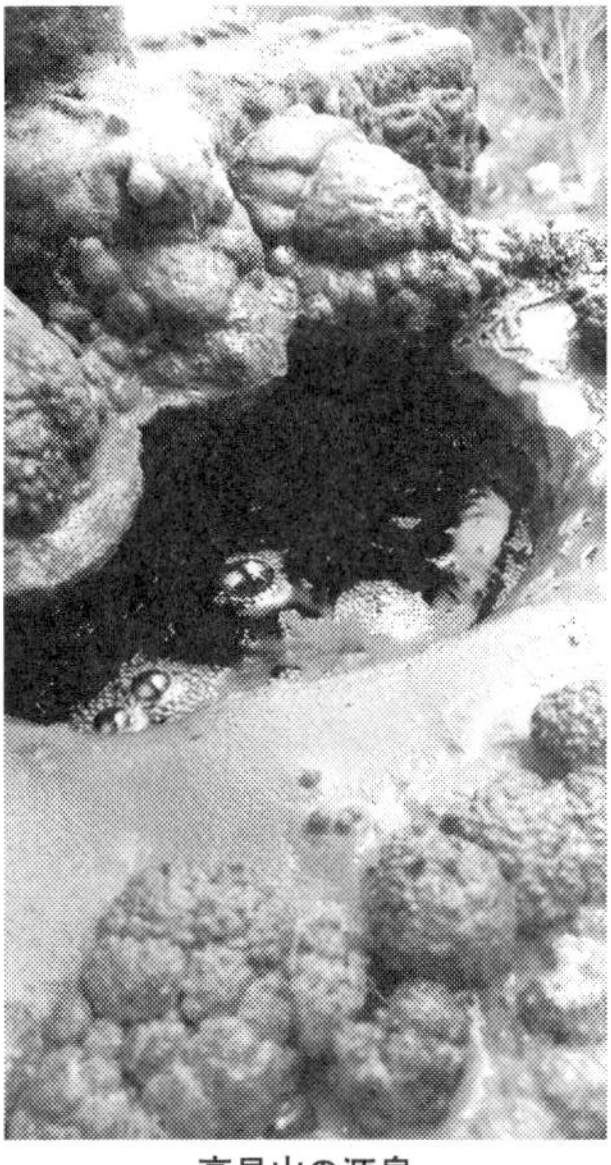

高見山の源泉

の麓、吉野川（高見川）の源流となる杉谷川沿いに、炭酸塩泉の間欠泉《かんけつせん》をふき上げ、真っ赤に染まっている高濃度の源泉がある。古来このような特殊な水の生まれ出る場所が、水銀朱のように赤い「丹生」に見立てられ、その源泉を「ニホ・ニフの女神」としてまつる「丹生」の神地が創設され、後述する丹生川上神社になったと考えられるのだ。

平成十二年（二〇〇〇）年、川上村の入之波《しおのは》温泉（鉄分を含む炭酸塩泉）下流の大滝ダム建造にともない、丹生川上神社上社の境内（宮の平遺跡）が発掘調査されたが、ここでは縄文時代のストーンサークルや環状配石遺構等、平安時代にさかのぼる基壇（祭祀跡）が確認されている。

この遺跡の祭祀跡には、平安末期から鎌倉初期には社殿が建立されていた。ここでも同じように、炭酸塩泉の温泉、すなわち「丹生」の存在が報告されている（奈良県立橿原考古学研究所）。

ほかにも、丹生川上神社下社のある大和丹生川の上流域では、「赤岩（チャート）」の群在する赤岩渓谷（黒滝村）がある。丹生都比売神社の参詣道である三谷坂の「赤土」も見逃すことができない。

このように「水・岩・土」など、水銀朱に見立てられた「丹生」は枚挙に暇がないが、古代人はこれらをすべて「丹生」と理解していたのかもしれない。

気になるのは、先述した吉野連らの祖先神「御冨《みふ》」の女神の伝承だ。『古事記』『日本書紀』では彼等の祖先は「井」から出てきたという。丹生の女神・ニウツヒメの原像が、水源を表すこの地元氏族の女神だとすれば、吉野の九頭龍神の系譜をつなぐ存在ともなる。これは今後の研究課題としたい。

丹生川上神社の創設

政府の高官たちにより、吉野（離）宮に祭祀された九頭龍神はその後、炭酸塩泉を「丹生」に見立てる水源信仰と合わさった「雨乞いの龍神」として、吉野川源流の最深部（丹生川上）で新たに祀られるようになったと考えられる。

丹生川上神社は、天武四年（六七五）の創建とされるが、具体的には八世紀以降に「祈雨・止雨」の社として重んじられ、『延喜式（神名帳）』では名神大社に列格し、後に国家の大事に朝廷から特別な奉幣を受ける「二十二社」の一つとされ、長きに亘り高い社格を有した。

史料のうえでは、奈良時代後半期の天平宝字七年（七六三）五月条「奉幣帛于四畿内群神。其丹生河上神者加黒毛馬。旱也。」（『続日本紀』）の記事を初見として、平安時代に至ってもなお、馬を捧げる請雨・止雨の神として律令政府の祭祀の対象となっており、宝亀四年（七七三）五月にはその神威に対し神戸四烟が充てられ（『続日本紀』）、山城国の貴布禰社（京都市）とともに尊崇を受けた。

大同三年（八〇八）五月には、中国風の「雨師（うし・あまし）」の名が加えられ（『日本後期』）、請雨の際は黒馬を、止雨の際は白馬を奉じることが慣例となっており、雨をつかさどる大陸由来の神を鎮める祭祀が社殿で行われたと想定される。

ところで、仁安二年（一一六七）の奥書をもつ「大倭神社註進状」（『群書類従』第弐輯神祇部第十八所収）には以下のような記載がある。

それは「丹生川上神社一座（在大和國吉野郡）……新國史曰、寛平九年（八九七）冬十二月……奉授五幾七道諸神三百四十社各位一階。官符曰、大和國丹生川上雨師神奉授従二位、額正一位、授冠年月未考……延喜式曰、凡奉幣丹生川上神者、大和社神主隋使向社奉之、是丹生川上神社為當社之別宮也」というもの。

平安時代の末頃には、最高位の神格（正一位）をもちながら、同じく正一位（寛平九年授位）の大和神社の別宮（摂社）とされていた。

吉田兼倶撰とされる文明元年（一四六九）の「二十二社註式」でも、水神罔象女神の「丹生社」が、大和神社の別社として記されていた（『新校群書類従』第弐輯神祇部巻第二十二所収）。丹生川上神社と、大和神社の末社としてまつられている龍神「龗神《おかみのかみ》」との関係は、たいへん興味深いところだ。

これについては、まず大和神社自体が、三輪山のオオアナムチから分祀された「荒魂」（大倭国魂神）を主祭神としていることが思い起こされる（前田晴人）。

律令政府によって源泉の神から創出された丹生川上神は、その当初から雨を司る龍神としての性格を有していた。つまり、吉野（離）宮で「九頭龍」として祀られたオオアナムチの性格を受け継いでいることになり、これにより、同様にオオアナムチの系譜をひく大和神社の「別宮」、すなわち同体の神とされ、オオアナムチの「荒魂」を祀る大和神社の神主に、その祭祀が委ねられたと考えられる。

このように、丹生川上神社をめぐる問題は、未解決のところが多いのだが、その創建の事情については以下のように結論することができる。

まず、「丹生」の神名は、高濃度の炭酸塩泉に由来すると考えられることだ。すくなくとも吉野では、そのような源泉を「丹生（にふ・にほ）」と呼んだ痕跡がうかがえる。次にその祭神は、水の神であり、雨を司る龍神とされたこと。これは、吉野宮で王権により奉祭されていた九頭龍神「オオアナムチ」から、奈良時代の後半期、律令政府によって分祀された可能性がある。本来オオアナムチも多くの神格を有していた神なので、その一部が「丹生」の祭場（カンナビ）に勧請され、「雨師神」としてまつられるようになったのだろう。その祈雨祭祀を、のちに国中の大和神社の神主が継承することになったのも、そのような神格が加味されてのことだと考えられる。

丹生川上はどこか

ところで、丹生川上神社の鎮座地については古くから論争があり、論社として上社・中社・下社の三つの神社が候補地に挙げられている。平安時代の丹生川上神の鎮座地を示す重要な資料としては、寛平七年（八九五）六月二六日付の太政官符「應禁制大和國丹生川上雨師神社界地事」（『類聚三代格（巻一神社事）』）がある。これは、先にみた大和神社にその祭祀権が委ねられる以前の丹生川上神の姿を示す貴重な記録だが、あらためて検討してみよう。

これによれば、その四至（東西南北の範囲）は「東限塩匂」「西限板波瀧」「南限大山峯」「北限猪鼻瀧」とされ、神宣により「深山吉野丹生川上」に社をつくった事、四至の内に神馬を放牧して狩猟を禁じた事（禁野の設定）、「国栖戸（部）」の百姓や浪人が神地を脅かす事などが記されている。

このなかで「塩匂」はシオノニフと読むのが妥当だろう。シオ・ニフとは先にみたとおり、高濃度の塩分を含んだ炭酸塩泉のこと。吉野では「入之波《しおのは》温泉」というように、「入（にう・にふ）」と書いてシオを指す地名もある。また、その「神地（境内）」が、国栖の人々の居住地に程近いこともわかる。

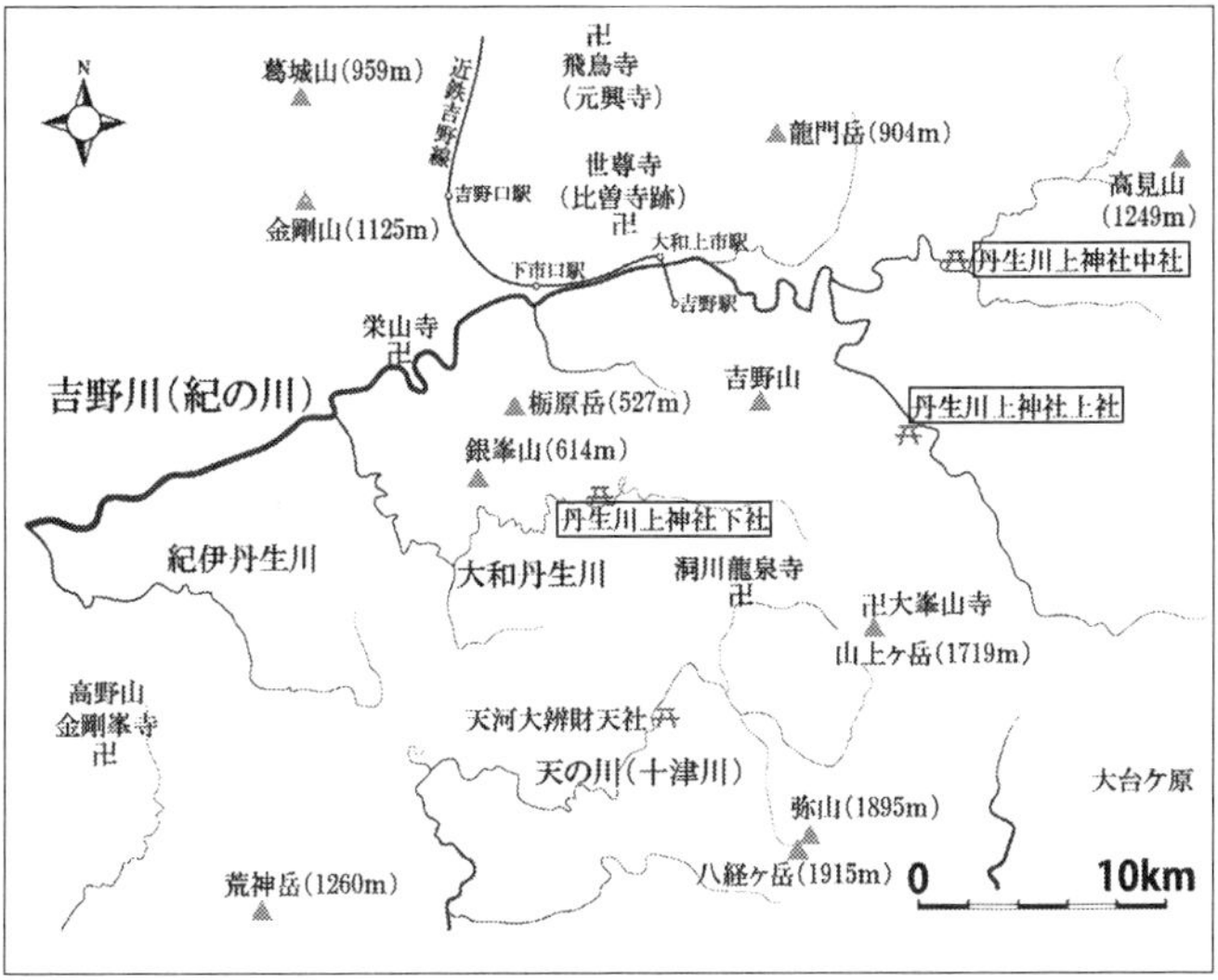

丹生川上神社三社の位置

郷土史家の森口奈良吉は、地元の地名を手がかりに、「塩匂」を東吉野村大豆生八幡神社の永正六年（一五〇九）の棟札に記す「塩和田」に、「板波」を同村西端の中黒と吉野町国栖との境界（現在「板波橋」がかかる）に、「猪鼻」を同村萩原の高見川沿いの小字猪ノ鼻の地に比定した（南限の大山峯は白屋岳などがほぼ東西南北六キロにわたり想定される）。

この場合、「神地」は現在の丹生川上神社（中社）の境内地、もしくはその周辺の谷あいの地が想定される。

ほかに手がかりとなるのは、神社に残された文化財。丹生川上神社（中社）は現在も平安時代後期から鎌倉時代にかけての神像二〇躯を有している。優品とされる罔象女神像《みずはのめのかみ》は、鎌倉時代の十三世紀中頃の木造坐像である。

これらの神像については、近年ようやく注目をあつめるようになり、今後さらに研究が進むことも期待されている。

また、弘長四年（一二六四）の「丹生社」と刻まれた石灯籠（国重要文化財）も境内に保存されているが、中社所蔵の慶安三年（一六五〇）の「丹生宮造営上棟文」（『東吉野村史』史料編所収）には、「丹生宮本社」から遷宮された旨が記されている。元来の「丹生社」は現在の社地ではなく、川の対岸の「古宮

（本宮）」の地にあった。この石灯籠も、神像とともにおそらく古宮にあったものだろう。

なお、この丹生川上に関連が深いとみられるのが、かつらぎ町上天野に伝わる「丹生大明神告門（のりと）」にいう「川上水分峯」にニウツヒメが降臨した、とする所伝。この「川上水分峯」については、吉野川の源流・高見山（一二四八・四㍍）が想定されるので、これは、古代の丹生川上神社の所在地が高見山を見上げる場所にあったことを示していると考えらる。

高見山

第2章　吉野の神と仏～修験道のはじまり～

第1節　吉野と神

この節では、日本古来の信仰である、「修験」とは何か、金の鉱脈がない吉野に「金峯山（御金の岳・金の御嶽）」があるのはなぜか、古代吉野の地元民たちはどんな信仰をもっていたのかなどを考察する。

山への信仰のはじまり

吉野山地は、千数百メートルもある山岳がそびえ、北山・十津川によって中央の大峯山脈と、左右の台高・伯母子の両山脈に分岐し近畿の屋根を形成している。

こうした大自然を前提とする地理的事情により、吉野の地元民が「未開の異民族」と視られたことは『古事記』『日本書紀』などにうかがえ、このような吉野の歴史や伝承のなかで、いつもその背景となって動いていたのが、山を舞台とする吉野の宗教である「修験《しゅげん》」だった。

同様に、大峯山（山上ヶ岳）山麓の洞川に住む人々も、古来ゴツゴツした厳しい岩山を、神の住まう山として崇めて来た。この山々で修行する人たちのことを、神霊を宿す験力を修めた者として崇め、後代に「修験者」、あるいは山に伏して修行することから「山伏」と呼ぶようになっていく。

修験者は、憑祈祷による託宣や、憑きもの落とし、邪神・邪霊に対する調伏にその験力を発揮。貞観十年（八六八）七月九日、吉野の深山で修行した道珠が「修験」があると聞かれて天皇に招かれた（『日本三代実録』）。これが「修験」の文字の初出とされている。

この「修験」は、苦行と捨身によって験力を得ようとする野生の宗教であり、庶民の宗教でもあった。そのため修験者は苦修の場を山に求め、山こそが験を得られる聖地と考えた。

吉野の大自然は、修験的活動を行うには日本列島でも稀にみる格好の舞台だった。修験者は、吉野の山中に峯入りし、懸崖をよじ登り、岩壁に身を託し、あるいは深山の岩窟に籠もり、穀断の荒行を重ね、験力を得て山の神霊の声を聞こうとした。

そもそも古代人は、人事に関する諸現象や、あらゆる自然現象に基づく災・悪疫もすべて神の仕業で、それは人々の罪と穢れに対する神の祟りと考えていた。それを贖《あがな》うことによって災から免れ、幸福への道を求め願い、その償いを自らの肉体の苦痛で贖おうと努めたのだ。生命の一部または全部をこれにあてて、人々の災を排除されんことを神に祈ったのだ。「ミソギ」は「身削ぎ」から発して「禊」となり、川の水に身を洗い清めて穢れをおとす意となる。このようなミソギの原始的信仰は、難行苦行によって験力を得ようと祈る山居修行や水垢離など、後世の修験の諸行法の源流となった。

また古代人は、吉野の自然の美しさ清らかさ、さらにはその厳しさを神の仕業として考え、吉野を神の住まう地と見、その山を神の山、その水を神の流す水と見て、山水への信仰が生まれた。古代人が吉野の大自然を聖なる場所として敬愛する信仰の的としての、「山の宗教」がここに展開することになる。古代人はそこにすむ神霊が、自然現象はいうまでもなく、人間の人事までも支配すると考えた。この考えのなかに修験の淵源をみることもできるのだ。

この「山にこもる神」とは何か。天界の神が山頂に降臨する場として、古来山頂や山腹に斎場（カンナビ）を設けて拝む風習があった。山麓に葬られた死者の霊は、時間の経過と共に骸を離れて、次第に高く山にのぼり、人界を超越した神霊に変化するという信仰が生じ、これが山の神霊観と結びつき、山の神霊と一体化していく。

「神奈備山《かんなびやま》」とは、「神がこもる山」のこと。その山頂の姿はいずれも円錐形か笠状のものが多く、その美しい山容が神霊を宿すにふさわしいとされる。

ここでは、吉野を舞台として展開した山の宗教を発生的に眺めつつ、吉野の修験の根源をカンナビ山の信仰から探ってみたい。ただし、山岳修験や修験道のはじまりについては諸説・緒伝があり、複眼的な検討が必要であることはいうまでもない。

吉野の水分《みくまり》信仰

縄文時代以来、宮滝の地に住み着いた人々は、その真南にそびえる吉野山の最高峰・青根ヶ峯（八五八㍍）を神こもるカンナビ山として崇め、象川にそってこの山にのぼることもしばしばだったと思われる。

宮坂敏和が採集した口伝によると、今の吉野水分神社は青根ヶ峯を仰ぎ見る広野《ひろの》千軒の地から、吉野山子守の現在地へ遷されたという。ヒロノにあった元の水分神社は、最初は今の吉野山の人々ではなく、ここから北へ谷をまっすぐ下った象の小川沿いの山麓地帯の人々が拝んだ神社だったと考えられている。

青根ヶ峯は、山頂の標高八五八㍍。その円錐形のかたちは、かつて万葉人が、「神さぶる　磐根こごしき　み芳野の　水分山を　見ればかなしも」（『万葉集』巻七―一一三〇）と詠んだ、神こもる水分山にふさわしい山容だ。文字通り、吉野の山麓地方一帯を潤す水源地とみなしてよいだろう。

この山の水は東へ流れて、雄大な蜻蛉《せいれい》の滝を行場とする古代の山岳寺院・大滝寺付近を通り、音無川となって西河から大滝に出て吉野川へと落ちる。まっすぐ北流した象の小川（喜佐谷川）の本流は、現吉野水分神社付近から流れて来た高滝川を合わせ、宮滝の「ユメノワダ」へと注ぐ。神亀元年

吉野水分神社の位置と青根ヶ峯からの川の流れ

(七二四)、聖武天皇行幸に供奉した大伴旅人が「昔見し 象の小河を 今見れば いよよさやけく なりにけるかも」(『万葉集』巻三―三一六)と感嘆した流れだ。

その水が西流すると、聖武天皇の代の山居修行者・広達禅師の説話(『今昔物語』)が残る秋野川となり、下市町の街並みをぬけて北流し、吉野川へ注ぐ。南流しては、天台山沙門・陽勝の修行した堂原寺(『扶桑略記』)に接して流れる黒滝川となり、やがて大和丹生川となって五條市二見で吉野川へと合流する。

四方の水系のなかで、もっとも早くから開けていたのは北方の象川水系。この吉野川への落ち口にある宮滝遺跡から青根ヶ峯山頂まではわずか五キロの距離だ。宮滝遺跡は、約一万年前の縄文早期には生活の場となっている。この遺跡こそが、奈良時代の巨大建造物跡も注目され、七・八世紀の吉野宮(離宮)の存在が実証された地であることは先に述べた。

古代の諸史料によると、吉野宮への天皇の来訪は、応神天皇の十九年(『日本書紀』)から聖武天皇の天平八年(七三六)(『続日本紀』)まで、天皇八代の計四十五回に及んでいる。この目的については諸説があって、おそらく自然賞美の単なる遊行や狩りのみではなく、地元氏族への政治的配慮や宗教的目的もあったと考えられる。

国家的祭事として、史書にみえる最初の吉野山の神は、文武天皇二年（六九八）夏四月二十九日条「戊午《つちのえうま》。奉馬于芳野水分峯神祈雨」の記事で、これは吉野の水分峯（青根ヶ峯）の神に馬を奉り祈雨したもの（『続日本紀』）。

それが、吉野宮の造営と相まって来訪した都人に伝わり、中央貴族たちから「神さぶる磐根こごしき水分山」と崇敬され、宣伝されることになった。これら都人を象川沿いに水分山（青根ヶ峯）へと導いた山人こそ、『古事記』『日本書紀』に登場する吉野河畔の地元氏族たち、つまり吉野首（連）氏や国栖人と考えられるのだ。

すなわち、この吉野川筋に住みついた山人集団による山川への水分信仰が、王権の神祇政策と重なり、やがて律令政府による金峯神社、吉野水分神社、吉野山口神社の創建に繋がったと考えられる。吉野の修験の淵源も、七・八世紀にはじまったこの水分信仰に由来するとみてよいだろう。

折口信夫は、先の吉野行幸を水の信仰に結びつけて説いているが、同時に吉野河畔や山麓の人々、具体的には国栖人や吉野首たちへの政治的懐柔もあったと思われる。これら吉野の山人ともいうべき人々が、吉野における古代史や伝承の裏側で動いた地元の人々として、吉野の修験の展開にも大きくかかわったことは否めない。

このような吉野の山人たちの実像を、文献のうえでつきとめることは困難だが、室町時代にできた桜本坊所蔵の『日雄寺継統記』には、吉野首(連)の始祖・井光の子孫である井依・角乗・角範・角仁・角正などが、吉野離宮の守衛にあたっていたが、相次いで役小角に帰依しその法弟になった、と記している。

もちろん、これをそのままに受け取ることもできないが、吉野首(連)氏一族が何らかのかたちで吉野宮の創建や、初期修験の加担者だったという伝承の名残りと解することができる。先述の『系統記』では、このうち角乗が「日雄《ひのお》」の姓を賜り、角正が吉野山に「日雄寺」を開いたとされる。天武十二年(六八三)十月五日、紀酒人直・伯耆造・高市県主・磯城県主等十四氏とともに連姓を賜った吉野首らが、この〈日雄系〉に連なる人々と考えられる。ここに「吉野の山人」の原型を垣間見ることができるのではないだろうか。

『万葉集』(巻二〇―四二九三)にある『「あしひきの　山行きしかば　山人の　我にえしめし　山づとそこれ」は、元正太上天皇が山村御殿への行幸時に詠んだものだが、かつて養老七年(七二三)五月九日(『続日本紀』)、吉野に行幸された時のことを思い起し、「吉野の山人が献上したこの山杖で石根こごしき水分山にのぼった時のその杖がこれだ」と追懐してものされたとの解釈もある』(五来重)。当時天皇を導いた吉野の山人が実在したことを、この歌は物語っているのかもしれない。

金峯山の成立

『吉野山には、古くから「司水」「司雨」「地主神」という三つの神社があった。式内社(吉野郡十座)のなかに、吉野水分神社、吉野山口神社、金峯神社と記されているのがそれにあたる。水分、山口の両社は、祈雨神祭八十五座のなかにも列せられている大社で、月次新嘗の二大祭には官幣を受けている。さらに金峯神社は、名神大社として相嘗祭にも優遇された神社だ。この三社は、もともと吉野のカンナビ信仰のなかに包含されていた三神が、時の推移とともに分化し、遷座したものと考えられる。

三社の創立や、その遷座の順序年次は不明だが、おそくとも式内社が制定される以前、すなわち平安時代初期の九世紀中頃には三社がととのい、金峯神社と吉野山口神社は、すでに吉野山にまつられていたと思われる。吉野水分神社については、先述のとおり「ヒロノ」にあったものが、修験の展開にともない、おそくとも平安中期頃、尾根道にあたる現在地に遷座したとの指摘がある』(宮坂敏和)。

『万葉集』(巻十三―三二九三)には「み吉野の　御金のたけに　間なくぞ　雨はふるといふ　時じくぞ　雪は降るといふ　その雨の　間なきがごと　その雪の　時じきがごと　間もおちず　あれはぞ恋ふる　妹が直香《ただか》に」の歌がある。「御金のたけ」は当時、青根ヶ峯やその一帯を含めた山々をさしたとみられる(山上ヶ岳は『万葉集』にいう「耳我の峯」と考えられている)。

吉野の金峯山は、古代には「金の御岳」と呼ばれていた。一般に「御岳」とは岩石が累々とした厳しい高山を指し、これは「岳」に美称の「御」が付されたもので、大和（吉野）の「金峯山」に代表される呼称である。『原義的には、「御厳嶺《みいかね》」から「御金の岳」に転音したと考えられる』（上田正昭）。

すなわち、万葉の時代には「金の御岳（御金の岳）」への信仰があり、時代が下るにつれてその地域が大きく拡大し、吉野山から山上ヶ岳までの一連の山々が「御金の岳（金峯）」とされ、やがて山上ヶ岳を金峯の「山上」、吉野山を「山下」といい、「山上三十六坊」『山下百数十坊」などと称されるようになったと考えられる。

このように、「御金の岳」すなわち「金峯」は、古来より金鉱のある山とみなされていた。吉野のカンナビにも金鉱守護の神霊が鎮まるとされ、その神霊を祭神とする金峯神社が創建されたと考えられる。それは古来より、金峯全山の地主神として崇められてきたが、その祭神「金山毘古神」『金山毘女神」は、金鉱守護のほかに清浄護持の神という二つの神格を持つとされている。

和歌森太郎は、『山伏（一九六四年）』のなかで『奈良時代を中心に山の鉱産物に対する関心も深められてきていた時であり、すぐれた財宝としての金がこうした理想の山のなかにあるべきだと考えれば、このあたりを金の御岳と呼ぶことも不自然ではなかった。それで山の中に金山毘古命が鎮座することになった。これが式内社としての金峯神社の起こりである。』と述べている。

黄金へのあこがれの気持ちが、神の住まう理想の山に実在して然るべきだとする希望的推測から、いつしか吉野山は「黄金の峯」という名で喧伝されるようになったのだろう。『東大寺要録』『扶桑略記』『元亨釈書』といった史書にも、金峯山に「金山」のあることが記されている。

鉱物への関心の高さは、山林修行者としての山人も同じで、そこには仏菩薩の浄土を表現するのに黄金を持ち出す仏教経典の影響や、水銀朱をもって不老不死の仙薬ができると教えた、中国神仙術の観念的な影響もあったと考えられる。

また、金山毘古・金山毘女神は『古事記』『日本書紀』によれば、枯れ悩んで生まれた神として、生物の枯死を防ぐ神ともされ、金峯山はその神の住む清浄の山として、近畿七高山の一つに数えられた。

清和天皇の貞観元年（八五九）・貞観五年（八六三）には、吉野郡の高山で陰陽道の祭礼が行われ、虫害駆除、五穀豊穣の祈願がなされた（『日本三代実録』）。なお、この金峯神社付近一円は、後に金峯山山下の「奥の院」として、安禅寺蔵王堂をはじめ宝塔・四方正面堂・鐘楼・八王子社・伊勢社など十数ヶ所の寺社が立ち並んだところでもある。

これまで述べたように、吉野は古代の奈良盆地の人々から理想郷として崇拝され、その結果、金山毘古神が鎮座する金鉱所在の山とみなされ、吉野山からその奥地をも含めて「金の御岳」「金峯山」と名づけられたと考えられる。

吉野郡にはこのほかにも、吉野山の近隣に黄金岳（下市町栃原・五一七㍍）、旧西吉野村に白金岳（現五條市夜中・六一二㍍）といった金銀鉱名のつく山がある。前者には波比売神社、後者には波宝神社が祀られ、いずれも水の神を祭神とする式内社として崇拝されていた。この万葉の時代にさかのぼる水分信仰が、修験道誕生への伏線となっていくのだ。

第2節　吉野と仏

この節では、真言密教の開祖・空海は、吉野の山岳信仰とどんなかかわりをもっていたのか、吉野水分神社に「子守の神」が祀られているのはなぜか、吉野で修験道が成立した要因は何だったのか、神仏習合の神・蔵王権現はどのようにして誕生したのか、役行者はどうして修験道の開祖になったのか、などを考察する。

密教とのかかわり

八世紀から九世紀にかけて、日本列島の各所で「山寺」が整備され始めた。

その背景には山で修行する密教僧たちの活動があった。天台密教の聖地、比叡山を開いた最澄《さいちょう》（七六七～八二二）や、真言密教の聖地、高野山を開いた空海《くうかい》（七七四～八三五）も、それ以前の密教の法脈を受け継いでいる。

ここでは、近年の考古学的成果をふまえて、吉野の地で山岳修験がおこるまでの実態を、空海・最澄以前の密教（初期密教）とのかかわりから探ってみたい。

山上ヶ岳（一七一九㍍）の山頂付近に大峯山寺本堂（山上蔵王堂）があるが、この地下には、「龍の口」とよばれる岩塊の裂け目が横たわっている。その岩裂から、和同開珎（七〇八年初鋳）と三彩陶器の細片が出土し、岩裂上に建立された前身堂にともなう石敷護摩壇跡とその周辺から、隆平永寶（七九六年初鋳）や富壽神寶（八一八年初鋳）などの銅銭、九世紀の須恵器の小壺・浄瓶の一部が出土している。これらは「龍の口」を対象とした初期密教の儀礼痕跡とみられる。

平成二十七年（二〇一五）四月、近畿の最高峰、八経ヶ岳（一九一五㍍）にほど近い弥山（一八九五㍍）で、須恵器の壺が採集された。制作時期は八世紀後期から九世紀初頭とみられるが、付近に瓦や土

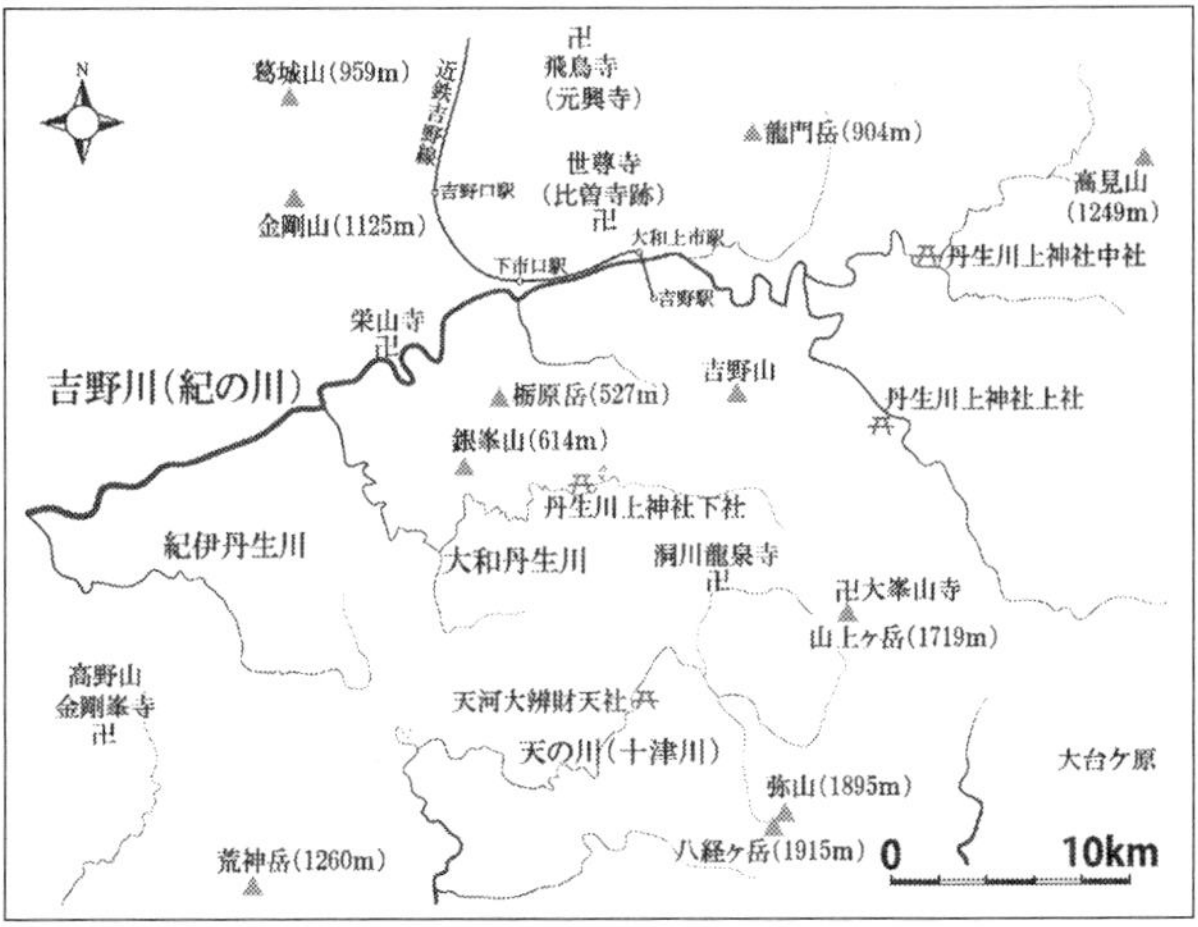

天川村周辺

器の散布はみられない。この壺は何らかの理由により、近畿最高峰の山中に単独で持ちこまれた後、約一二〇〇年の間、埋没していたことになる。これも何らかの儀礼の痕跡と考えられる。かつて弥山山頂の弥山神社(天河大弁財天社奥宮)では、火打鎌や鉄斧とともに、平安時代初期以前(八世紀代)とみられる金銅製三鈷杵が出土するなど、初期密教の儀礼痕跡も確認されている。

ところで、天平六年(七三四)の正倉院文書「造仏所作物帳」断簡には、藤原氏の氏寺、興福寺西金堂の造営にかかわって「金鼓基石一個自吉野郡遠河之山作運」との記述がある。この「遠河の山の石」は、山上ヶ岳の麓、洞川産の結晶質石灰岩(通称コメコメ石)とみられていて、初期密教の高僧を輩出した法相宗の拠点寺院と、奥吉野・洞川との関連が示されている。

弥山や山上ヶ岳で見つかっている遺物の年代の確実な上限は、平城京から長岡・平安京に遷都がおこなわれた桓武朝（七八一～八〇六）と、その後に続く平城・嵯峨朝（八〇六～八二三）にあたるが、すくなくとも奈良時代には、都の人々によって、すでに奥吉野の山河と付近の天然資源が認知され、石を運ぶ人夫や資材を管理する役人や僧たちが、都との往来を繰り返していたと想定される。

　このような状況をふまえると、八世紀末頃、山上ヶ岳や弥山、八経ヶ岳に登攀し、儀礼の痕跡を残した最初の人々は、法相宗系の初期密教の僧たちだったと思われる。

　一方、古人大兄によって建立され持統朝に完成したとみられる吉野寺（比蘇寺）は、文武朝頃より古密教を修する南都の高僧達の山居の修行寺となっていった。

　護命（七五〇～八三四）は、晩年比蘇寺に入り「芳野僧都」とも称された元興寺（法相宗）の唐僧・神叡（～七三七）の法脈を受け継いでいる。最澄も、師である行表《ぎょうひょう》（七二四～七九四）を介して、天平八年（七三六）に唐より渡海し、晩年比蘇寺に入った大安寺（三論宗）の僧・道璿（七〇二～七六〇）の孫弟子となっている。

　護命の卒伝には、「入吉野山而苦行焉（略）月之上半入深山。修虚空蔵法。下半在本寺。研精宗旨。」

とある。（『続日本後紀』承和元年（八三四）九月条。本寺は元興寺のこと）。護命も十七歳で得度する以前、「吉野山」へ入り苦行を続け、「深山（奥吉野）」で「虚空蔵法」を用いた修行に励んでいた。この「吉野山」は、後世の桜の吉野山ではなく、乙巳の変（六四五年）後、僧形となって飛鳥から逃れた古人大兄皇子（～六四五）が留まった「吉野山」と同じで、いずれも「比蘇寺」を中心とした吉野川北岸のエリアを指している。

この「虚空蔵法」は、大安寺の道慈（～七四四）が養老二年（七一八）、「金光明経」などの経典と共に唐より伝えた記憶力増進の修法を指す。すなわち、法相宗系の神叡《しんえい》・護命《ごみょう》、三論宗系の道慈《どうじ》・道璿《どうせん》に受け継がれた、虚空蔵法の修法・経典によって得られる「験」を、最澄は「自然智《じねんち》」と称していた。

では、この「自然智」を、護命や最澄と同時代に生きた空海（七七四～八三五）はどのように認識していたのだろうか。

空海も若い頃（十代後半から二〇代前半）に、自然智を得る虚空蔵法の存在を、十代の頃に大安寺で学び「南嶽（山上ヶ岳か）」で修行したと伝える三論宗の僧、勤操《ごんぞう》（七五八～八二七）から伝授されたと思われる。また空海が弘仁七年（八一六）六月十九日にしたためた上表文（『続遍照発揮性霊集補闕抄』巻第九）に、「空海少年の日、好山水を渉覧せしに、吉野より南に行くこと一日にして、更に西に向かって去ること両日程、平原の幽地有り。名づけて高野と曰ふ」とある。また、『三教指帰』は延暦十六年（七九七）、空海が二十四歳の時に完成したとみられているが、その下巻の一節に「或時は金巌に登って」とある。この「金巌」について、『三教指帰』の別本である『聾瞽指帰《ろうこしいき》』の空海自注に、「加禰能太気」とある。これは、九世紀前葉成立の『令義解』（巻二僧尼令・禅行条）にいう「金嶺」、また寛弘四年（一〇〇七）に藤原道長が経筒を埋納したと「御堂関白記」に遺した「金峯山」と考えられるが、これらは山上ヶ岳を指している。

空海と聖宝《しょうぼう》

山上ヶ岳、弥山・八経ヶ岳といった、奥吉野から高野山にかけての山中を、空海も八世紀末頃には踏破していたと考えられる。では奥吉野の山岳地域へ入る前に、空海が立ち寄ったと記す「吉野」はどこにあったのだろうか。『高野雑筆集』巻上の所伝（主殿助《とのもすけ》・布勢海《ふのせのあま》への私信）では同じ箇所を「吉野山」と記している。その場合、比蘇寺周辺が候補地としてうかんでくる。

採集された瓦から、飛鳥時代（七世紀中ごろ）に創建されたとみられる「吉野寺」は、欽明紀十四年条に造仏伝承を遺す「放光樟像」を安置した吉野寺だ。奈良時代以降は地名にもとづき「比蘇寺」とも称され、奥吉野の山岳地域で修行をする初期密教僧たちの活動拠点になったことから「比蘇山寺」とも呼ばれた。

ただしここでは、飛鳥時代から続く地域拠点の官寺的な機能と、密教僧の修行場である山寺の両方の要素を併せもっていた点が注目される。

この比蘇寺が、初期密教における山岳修行の拠点寺院となった理由のひとつは、その地理的環境にある。北方の壺坂（阪）峠をこせば、かつての都、飛鳥・藤原京までは徒歩三～四時間の距離。また比蘇寺の境内に立つと、南方に雄大な吉野群山や「金峯山」を望むことが出来、まさに里と山岳をつなぐ場所に位置している。

これに対し、比蘇寺の東方、龍門岳（九〇四㍍）の南腹にあった龍門山寺は、奈良盆地で最古の山寺（七世紀末～八世紀初頭）である明日香村の龍蓋寺（岡寺）を起した法相宗の義淵《ぎえん》（六四三～七二八）による創建と伝え、出土瓦からも奈良時代初期の創建とみられる。

義淵は、虚空蔵法とのかかわりは不詳だが、最澄の「法華秀句」（『伝教大師全集第二』所収）では、神叡と同じ元興寺（法相宗）に属する「自然智宗」の法流と理解されていて、後世まで続く興福寺・法相宗との関係から考えても、龍門寺は比蘇寺にかかわりの深い法相宗系の密教僧が立ち寄る修行拠点だったとみられる。

奈良時代初期の義淵・神叡・道慈を端緒として、比蘇寺周辺を拠点に活動した「自然智」の法流が、初期密教の修法「虚空蔵法」を介して道璿・護命・勤操らに継承され、若き空海もまた、この虚空蔵法のメッカであった「比蘇寺」を媒介に、奥吉野や高野での山岳修行に明け暮れたと推察される。

その苦行により、やがて室戸岬の岩屋で「自然智」を極めた空海は、次なる目標としての大日経（大毘盧遮那経）を聖典とする真言密教を学ぶため入唐し、師・恵果《けいか》（七四六～八〇五）より「遍照金剛」の名を与えられ、金剛・胎蔵両部の本格的な密教を日本に導入することになる。

ここで、空海以後の山岳修験史にかかせない聖宝（八三二～九〇九）についてみると、聖宝は空海の実弟・真雅《しんが》（八〇一～八七九）を師とし、聖宝も高野山をひらいた空海を意識しながら山岳修行に励み、醍醐寺を創建した。

聖宝の死後、承平七年（九三七）に注進されたと伝える「聖宝僧正伝」（『続群書類従』第八輯下所収）によると、聖宝は生前「金峯山」に座高六尺（約二㍍）の金色の如意輪観音と多聞天、金剛蔵王菩薩の像を、「現光寺（比蘇寺の法号）」には丈六（約四・九㍍）の弥勒菩薩と一丈（約三㍍）の地蔵菩薩像を造立した。そして、吉野山の一の坂・長峯・丈六・薬師を経て尾根伝いに峯入りする多くの仏徒や修行者の要望に応え、金峯山要路の吉野川の渡河地点に舟の渡し場を設けた。以後ここは、金峯山の北玄関として栄えることになった。

これらの仏像や渡し場の記事は、ある程度の史実を含むとみてよいだろう。

聖宝は、九世紀末ごろから十世紀にかけて、山上ヶ岳に「金峯山寺（山上蔵王堂の前身堂）」を建造して真言宗系の諸尊を安置し、「虚空蔵法」の拠点だった現光寺（比蘇寺）に巨大な弥勒・地蔵の両尊をすえて真言密教の拠点とし、金峯・比蘇の間を遮る吉野川に渡しを設け、二つの「山寺」をつなぐルートを整備した。

このように、空海の影をおそった聖宝が、「現光寺（比蘇寺）」→吉野川の渡し→青根ヶ峯→山上の「金峯山寺」のルートをひらいたことで、金峯山は『義楚六帖（中国後周朝・十世紀中ごろ成立）』に記された「大小数百の寺がある日本第一の霊異」として、中国にも名の知れた聖地になった。

最澄・空海の山居修行以後は、呪術師的な仏徒が相ついで現れ、その山居修行の多少と効験が密教修学僧の評価基準となる。このような宗教界の風潮は、飛鳥以来の代表的山林修行地だった青根ヶ峯周辺に多くの修行僧や山林修行者を集めることになった。

かれらは、人里はなれた深山に行場を求めて安居し、験力の習得に励んだ。

宇多上皇は昌泰元年（八九八）に吉野の現光寺（比蘇寺）、宮滝を巡礼し（『扶桑略記』）、また昌泰三年七月（九〇〇）には金峯山に参詣し、免田五百町歩を寄進した（『金峯山創草記』）。この時代から貴族や僧侶の金峯山入峯が著しくなる。

吉野が修験の山として最初に拓けたのは、宮滝から一直線に青根ヶ峯へとのぼるルートからとする考え方は先述した。一方、比曽寺周辺を拠点とした古密教僧たちは、越部から吉野川を渡り、秋野川を集落沿いに遡上し、鳥栖から百貝岳を経て青根ヶ峯へ、さらに地蔵峠から小南峠を越えて洞川から山上ヶ岳にいたるルートも利用した。とはいえ、都が飛鳥、藤原京から平城京、平安京へと漸次遠くなり、吉野への行幸も途絶えるにしたがい、吉野山の山頂への登り口である玄関も、宮滝方面から漸次下流の六田《むつだ》の渡し付近へと移っていき、やがて馬の背状の尾根道から山頂をめざすようになったと考えられる。

先述の聖宝は、金峯山上に日参し、山上ヶ岳の奥まで分け入って禅行し、小笹の宿に行者堂を建て、寛平年間（八八九〜八九八）には現光寺（比蘇寺）の座主にもなってその興隆を図ったという（『金峯山雑記』）。さらに青根ヶ峯と近接する、峯続きの百貝山麓の鳥栖に真言院（鳳閣寺）を開いて、昌泰二年（八九九）、ここで多くの道俗に伝法灌頂を授けた。成賢僧正の「大峯萬行自在次第」の末に綴り入れられた「灌頂会記」には、大祇師・尊師、中祇師・観賢、小祇師・貞崇、受者は僧衆六人、山伏衆十三人、結縁灌頂の日には、公卿士庶人三百四十余人が参集した、とある。

聖宝の弟子・貞崇《じょうすう》（四代目の醍醐寺座主）も、三〇余年間金峯山に籠って修行し、鳥栖の鳳閣寺に住み、聖宝の後継として活躍した（『扶桑略記』）。この時期に、青根ヶ峯を仰ぎ、吉野山周辺で修行する山麓の地元民と、金峯山や鳳閣寺を拠点として修行する真言密教僧が手を結ぶことで、神仏習合の修験道が誕生したのではないかと考えられる。

あわせてこの時期、青根ヶ峯と、奈良時代から続く古密教僧の活動が確認された山上ヶ岳を直線的に結ぶ現在の修験道ルート（奥駈道）が拓かれ、山上ヶ岳の磐座信仰、青根ヶ峯のカンナビ信仰、真言密教の三者が習合し、金峯山の呼称も山上ヶ岳まで拡大されたのではないだろうか。

正安元年（一二九九）の『醍醐寺縁起』には、「役行者修行之後、大蛇有大峯斗擻中絶、尊師避除之其後修験之道如本興牟」とある。また『栄華物語』には、「これを峯中といふ…（中略）役小角、熊野よりはじめしなり。その後山に蛇すみて、入ることとなりがたきを、醍醐の聖宝、吉野よりふみはじめしなり」と記されている。ここでは、後世の本山派の順峯（熊野〜山上〜吉野）に対し、聖宝が逆峯（吉野〜山上〜熊野）の道を開いたとしている。これは修験道の開祖・役行者に対し、聖宝を修験道中興の祖とするためのものと考えられ、このような、吉野の大自然を背景に展開した、神（山の神への信仰）と仏（古密教・真言密教）の習合が、修験道の淵源となったのだ。

子守神と法華教

修験道の峯入修行は、入峯者が一度象徴的に死んだうえで、母胎とされた霊山で十界修行を行い、成仏したうえで再生することを、擬死再生を示す一連の所作によってリアルに体得させる仕組みになっている。

宮家準の説明に拠ると、『大峯山の山上ヶ岳では、修験者は天川村洞川、龍泉寺の山門（発心門）をくぐり境内の池で水行をし、ついで山上川をさかのぼり、蟷螂の岩屋で胎内くぐりの行をし、清浄大橋を渡って女人結界（修行門）から山に入り、七合目の吉野道との合流点に至る。

ここからが表行場で、油こぼし、鐘懸、お亀石などで修行をして西の覗きに至る。ここで肩にロープをかけて断崖から逆さ吊りにされて懺悔したあと、「西の覗きで懺悔して弥陀の浄土に入るぞ嬉しき」との唱え言をする。これは、現在残っている大峯修験道の十界修行のうち、「峰中十種修行作法」（『修験道章疏一』所収）に記す「地獄道修行」の「業秤」と推定される。

その後、等覚門をくぐれば、裏行場の修行がある。この最後の断崖に突き出た最難関の平等岩を回った後、「捨つるいのちは不動倶利伽羅」との唱え言をし、捨身後、倶利伽羅不動として再生する。これらの行を終えると、大峯山寺に詣でて勤行する。このように、簡略化した現在の山上詣にも、胎内くぐり、浄土入り、倶利伽羅不動としての再生の信仰（即身成仏）がみられる。』

この峯中での、即身成仏にいたる修行の核心をなすのは「擬死再生」の考えだが、これと関連して注目されるのが、古来より存在する山上ヶ岳の子守信仰である。

寛弘四年（一〇〇七）藤原道長の山上ヶ岳登拝の記録を記す『御堂関白記』には、登拝の目的として、埋経とは別に、山上の子守の神に娘（彰子）の皇子出産祈願をしたことが記されている。なぜ、女人禁制の山上ヶ岳に子守神が祀られ、子守信仰が存在するのか。

山上ヶ岳は、宗派を問わず全国から山岳修行者が集まる修行の場だったが、このなかに法華教を信奉する多数の行者が含まれていて、平安時代以降、胎内くぐりを経て再生するという即身成仏の教理にちなんで、仏教と法華経の守護神であり、安産、子育ての神として、密教の盛行にともない貴族層に深く信仰された「鬼子母神《きしもじん》」が、法華行者によって山上に祀られたと考えられる。これが、古来女人禁制の山上に女神の鬼子母神が祀られた由縁と考えられ、やがて、藤原道長の登拝の頃には、本地垂迹思想の影響を受けて子守三所権現として祀られていたと思われる。金峯山出土の永承六年（一〇五一）銘の銅版御正体などにも、三神がそろって線刻されている。

鎌倉時代以降になると、山上の子守の宮は、山下の現吉野水分神社の地に分霊勧請（水分神と併祭）され、本居宣長の信奉した子守宮になったと考えられる。社殿に奉安された神像のひとつ、女神像の像底には「子守御前御正体」「嘉禄元年（一二二五）」の墨書があり、これとセットになる神像二体（若宮御前・三十八所）にも同じ鎌倉初期の墨書がある。この女神を含む三神像が吉野水分神社に残る最古の記年銘資料であることからも、その勧請の時期が裏付けられる。一般には「水配り」が「みくばり」「みくまり」『みこもり』『身籠り』『子守』とだんだん転音、転化して水の神が子守の神になったとされているが、本来は別々の由来をもつ神だったと考えられる。

開祖としての役行者

平安時代の初め、最澄が比叡山で天台宗を、空海が高野山を密教の道場として真言宗を開いた。密教は、山岳で修行をすることを重視する宗教だ。やがて天台宗も密教化していくが、鎌倉時代になると、比叡山から法然、親鸞、道元、日蓮ら名僧を輩出し、いくつもの新しい宗派が形成されていく。時を

石造りの役行者(大淀町今木・蔵王権現堂内)

同じくして、吉野や熊野、また大峯山系で修行する修験者の組織が作られた。

このような動向を背景に、修験者たちも自分たちの組織にとって理想的な開祖を想定する必要が出てきた。修験者たちは、『続日本紀』文武天皇三年(六九九)条に記されていた「役小角《えんのおづぬ》」を、彼らが理想とする修行者と仰ぎ、通称「役行者」を修験道の開祖として崇めるようになった。そして、役行者がこの世を去って千百年後の寛政十一年(一七九九)正月、聖護院からの上表にこたえて、光格天皇より「神変大菩薩」の諡号が贈られたのである。

役行者については、「世間では役小角は葛城山で修行し鬼神を使って水を汲み、薪をとらせ、命令に従わないと呪縛したと噂したが、その能力を妬んだ弟子の韓国連広足の讒言により、妖惑の罪で伊豆に配流された」と記されている（『続日本紀』文武二年〈六九八〉五月二十四日条）。韓国連広足はまじないにより物の怪をはらう呪禁師で、役小角もこうした活動をしていたと考えられる。

『この小角伝には、葛木山だけで金峯山はみえない。しかし、平安初期の「役優婆塞伝」（『日本霊異記』上巻二八）には、金峯山（青根ヶ峯）と葛城山とのあいだに橋を架けようとする話がでている。

また、平安時代末期成立の『扶桑略記（大宝元年条）』にも同じ話がある。そして鎌倉時代成立の『今昔物語（巻十一第三話）』では、金峯山の蔵王権現は役優婆塞の祈り出したものとされているので、彼が吉野修験道の開祖という考え方は、すくなくとも平安時代からあったと思われる。

金峯山と葛城山とのあいだに橋をかけようとする説話の実際は、この二つの山を通路でつなぎ、金峯山修験（吉野修験）と葛城修験を一体化しようとしたことの寓話と考えられる。

役小角は、『日本霊異記』の伝えによると「加茂の役の公氏」であり、葛木鴨氏に奉仕する家系に生まれた。したがって、葛木の鴨のカンナビに祀られる味耜高彦根神《あじすきたかひこねのかみ》（『出雲国造神賀詞』）に奉仕する家から出、山岳修行に入ったので、彼は葛城修験道の開祖ということになる。当時すでに成立していた金峯山をまつる山人集団と手を結び、その修験の一体化を図ったためにこの説話ができ、吉野修験道の

開祖に祀りあげられたと考えられている。』（五来重）
その後、修験に関することの一切が彼の業績としてまとめあげられた。
ここに役小角の活躍の舞台は一転して、葛城山から金峯山へと飛躍し、金峯山や大峯の山々も祖師小角の開いた山だと伝えられ、人々に信じられるようになった。そして、古来吉野を中心に多くの山人や呪術者によって積み重ねられてきた修験の業績のことごとくが役小角の業績としてまとめられ権威づけられていった。
このようにして、行者といえば「小角」というくらい、彼が山の宗教家のシンボルとなった。鎌倉時代初期の修験者が編んだ『諸山縁起』にも、修験者たちにとって理想の開祖としての役行者の伝説が描かれている。

蔵王権現の誕生

聖宝は、金峯山（山上ヶ岳）に本尊如意輪観音と脇侍の多聞天（毘沙門天）、金剛蔵王菩薩を祀っているが、その弟子の道賢は、釈迦の化身の蔵王菩薩に導かれて「金峯山」の他界に赴き、太政威徳天（菅原道真の霊）に出会ったなどの話が創られていく。その後、寛弘四年（一〇〇七）、藤原道長が金峯山上に埋経しているが、彼は釈迦の化身である「金剛蔵王権現」に、弥勒下生の時まで埋経を守るよう祈願している（藤原道長金銅経筒銘文）。これが「金剛蔵王権現」の初出。当時、金峯山が弥勒の兜率天の「内院」、笠置山が「外院」とされていた。

また『東大寺要録』（巻第二・縁起章）には、東大寺の良弁（六八九〜七七三）が、金峯山の蔵王権現に東大寺の大仏に塗るための金を譲ってくれるように依頼したが、その時蔵王権現は「金峯山の金は弥勒下生の時に用いるものゆえ譲れない。近江国の滋賀の河辺に如意輪観音を安置して祈れば金が得られる」と告げた。そこで祈ったところ、東北から金が出たとの朗報を得た。喜んだ良弁は如意輪観音を祀り、執金剛神と金剛蔵王菩薩を脇侍として寺を開基したのが石山寺であると伝えている。

金峯山寺の寺伝によると、「御本尊金剛蔵王大権現は、開祖役行者が金峯山において、一千日の苦行の末、感得せられた民衆済度の根本仏であり、権現とは仮に現れた姿をいい、本堂蔵王堂には釈迦如来（中央）・観世音菩薩（左）・弥勒菩薩（右）を本地とする三体の権現様をお祀りしている。三体は過去・現在・未来の三世を意味し、三世に亘って我々民衆を救済せられる御誓願を表している。右手に三鈷杵を持ち、左手に刀印を結び、左足で盤石を踏みしめ、右足で虚空を蹴り上げている大憤怒の形相は、一切の悪魔罪業を調伏するお姿であり、しかも背後の大火炎は大知恵、御身の青黒色は大慈悲を現わしており、人々の深い罪苦や厄罪を打ち払い、もろもろの心願を成就する霊験あらたかなる御本尊である。」とされている。

現存するなかで、紀年のあるもっとも古い蔵王権現像は、東京の西新井大師（総持寺）所蔵の「銅板線刻蔵王権現像御正体（国宝）」。そこには、平安時代の長保三年（一〇〇一）四月十日の銘がある。また、蔵王権現の名称の初出は、寛弘四年（一〇〇七）在銘の「藤原道長経筒（国宝）」とされ、藤原道長はここに「南無教主釈迦蔵王権現」と刻し、自ら手写した金字経を「金峯山（山上ヶ岳）」に埋納している。

『では、寛平七年（八九五）に、聖宝が石山寺脇侍の「神王」（『正倉院文書』など）を模して山上ヶ岳の蔵王堂に造立したとみられる「金剛蔵王菩薩像」と、約百年後の寛弘四年（一〇〇七）に藤原道長が刻んだ「蔵王権現」のイメージにはどのような違いがあるのか。たとえば、仁安三年（一一六八）の納入願文をもつ鳥取県三朝町・三仏寺蔵王堂（投入堂）の正本尊・蔵王権現像（国重文）を参考にすると、石山寺に残る当初の「金剛蔵王菩薩」の塑像芯木は右手が拳の形であるのに対し、三仏寺本尊の蔵王権現像は右手に金剛杵を執る姿であるので、金峯山の本尊は金剛蔵王菩薩から蔵王権現への名称変更にともない、像容にも変化があったとみられる。』（松浦正昭）

『蔵王権現創生のいわれには、諸説がある。蔵王権現誕生の舞台となった金峯山は、空海が『三教指帰』に「金巌《かねのたけ》」と記しているように「巌」の印象が強いものである。また、山岳において厳しい修行を旨とする行者も、岩に対する関心・信仰が強かったと思われ、役行者が山上ヶ岳頂上の岩の前で祈請し、その岩上に蔵王権現が湧出し、龍穴に降り立ったという伝承も、岩に対する信仰が背景にあることを思わせる。こうした行者の信奉する原初的な「巌」への神格が、大峯（山上ヶ岳）の山麓に住まう地元民（洞川にいた人々）の磐座信仰として古くから独自にあったことはすでにふれた。

このような、原初的な「金巌」の神格も、やがて最澄、空海によってもたらされた本格的な密教の影響を受けて、密教的な神格としての姿が希求されてゆく。それに際しては当然のごとく行者が信奉するのにふさわしい姿形が求められた。それが金峯山独自の在地信仰に基づくことから、例のない明王風の独自の姿形が成立したものと思われる。そして、その金剛蔵王は「緊密の鉱石」にも通じ、信仰の内容にも直接に相応するものであったと思われる。

蔵王権現は、もともと金峯山古来の神格「金剛蔵王」から出発し、姿を明王部に仮り、菩薩部の名を付されたものであり、それは、実際の信仰の上から導き出されたものだった。

だからこそ、姿も名も、極めて仏教的でありながら本地垂迹思想の影響を受け、日本の神祇に用いられた「権現」という語が、蔵王に使われたと思われる。このように金剛蔵王菩薩は、蔵王権現になることによって、信仰の上からも、形式の上からも、他に類例のない金峯山特有の神としての地位を確立したと考えられる。』（首藤善樹）

　これに対し、金峯山下の岩倉千軒跡に堂跡を残す石蔵寺は、金峯山寺を統括する別当の住む寺院で、白河法王が発願供養された塔を擁する観音信仰のメッカだった。『扶桑略記』の「道賢上人冥途記」には「蔵王菩薩は釈迦如来の化身」と記され、十世紀に書かれた中国の史書『義楚六帖』には、金峯山上に弥勒化身の「金剛蔵王菩薩」があると記されている（二一巻「日本国」）。その当時の金峯山に、これらの釈迦・弥勒信仰が強くあったことの表れとみられる。

蔵王権現（大淀町安養寺）

　また、永観二年（九八四）の仏教説話集『三宝絵詞』には、弥勒の下生まで「蔵王」が金峯山の黄金を守るとある。この時代の仏教に大きな影響を与えたのは末法思想であり、末法時代の仏教の滅亡を恐れた人々は、弥勒の世まで経典を伝えるため、法華経典を書写して山岳の霊地に経塚をつくって埋納した。金剛蔵王菩薩は過去仏（釈迦）と未来仏（弥勒）の化身とみなされ、かつ金峯山の黄金を護持する存在に変化していくが、それにともない、姿形も変化していったと考えられる。

また、金峯神社のある吉野山・宝塔ヶ峯の宝塔院跡（奥の院）には、寛平年間（八八九〜八九八）に、相応が不動明王を本尊とする安禅寺を建立したといわれている。その境内（東西四八七メートル、南北八〇〇メートル）にはかつて、蔵王堂・多宝塔・奥の院本堂・四方正面堂・鐘楼のほか、山王七社・熊野三社・伊勢・多賀・荒神・弁天・八幡といった諸社堂塔伽藍が連なっており、奥の院周辺はあらゆる神仏の集合体の感を呈していた。『蔵王権現の本地仏が、釈迦・千手観音・弥勒とされることは、その当時の金峯山に、これらの信仰が強かったことの表れとみられる。しかも一つに限られるのではなく、過去・現在・未来にわたって三つながら包摂するのが、いかにも金峯山全体の諸信仰・諸神祇を包容する蔵王権現にふさわしい感がある。』（首藤善樹）

以上のように、地元民のカンナビ・イワクラ信仰、そして真言密教との融合（習合）により、金峯山全体の神仏を包摂する日本独自の蔵王権現が金峯山に誕生したのだ。

第3章　吉野古代史の現地を訪ねる

第1節　古代史の舞台へ

この節では、古代史の主要舞台となった吉野各地を会のメンバーが訪ね、取材したものを紹介する。ぜひ本書を片手に現地を巡っていただければ幸甚である。

高見山（東吉野村）

高見山（一二四八・四㍍）は、台高山脈の北端、奈良県と三重県の県境に位置する。高見越えの旧街道は「伊勢街道南路」と呼ばれる交通の要所で、古来伊勢、大和、紀州を行き来する人々にとって、ひときわ目につく存在だった。

持統六年（六九二）、持統天皇の伊勢行幸に従駕した石上麻呂の「吾妹子を 去来見の山を 高みかも日本の見えぬ 国遠見かも」（『万葉集』巻一—四四）という歌があり、古くは「いざみの山」と言われていた。山頂に式内社の高角神社が鎮座する霊峰である。

ここには、神武天皇に関する伝承が残っている。本居宣長は神武天皇が大和に入るときのルートに、現在の三重県大紀町の錦浦に上陸して櫛田川沿いからの高見峠越えを想定している。また高角神社のご祭神の一柱は神武天皇を道案内したという八咫烏（建津見命）だ。また登山道には、天皇がその上に立って大和を遠望したという「国見岩」がある。附近の山中には「鳥見霊址」伝承地の一つがある。霊址とは「まつりのにわ」という意味で、大和平定の後に大嘗祭（天皇即位後、最初の新嘗祭）を行ったとされている。

次に出てくるのが、蘇我入鹿関連の伝承。乙巳の変で殺された入鹿の首が高見山麓まで飛んできたという。三重県松阪市飯高町には、首塚と言われる五輪塔が残されており、土地の人は高見山に登るときは鎌足を連想させる鎌を持たないという風習が伝わっている。これを柳田國男は、日本民話の一類型である「山争い伝説」としての高見山と多武峯の話が元々あり、その後の歴史的知見が加わったものと解釈している。争いに負けた高見山が口惜しくて飛ばした頭が登山道にある「揺るぎ岩」とも言われている。

高見山は、日本列島を南北に分かつ中央構造線北部にある領家花崗岩でできている。この大断層線に沿って水銀朱、銅等の産地が分布している。水銀朱（辰砂《しんしゃ》）は「丹」と呼ばれ、古墳の石室内で発見されることも多く、交易品としても珍重された。辰砂の産出がヤマト王権成立の大きな鍵となったと言う人もいるし、不老不死の仙薬としての水銀朱が、神仙境吉野のイメージを生んだのかもしれない。

高見山山頂からの眺望は素晴らしく、条件が良ければ遠く南アルプスや富士山も見えるそうだ。「近畿のマッターホルン」と呼ばれる山容は、麓にある前登志夫の歌碑のあたりから美しく見えるが、大和各所から見ることができる。大淀町の柳の渡しあたりから吉野川越しに、宇陀市の八咫烏神社の境内から、更には八咫烏を祖とする鴨氏本貫地の葛城から、また鵄邑《とびむら》伝承の残る奈良市内からも高見山が見える。

高見山は、中央構造線に沿って行き来する人々に、座標の基準点として古来仰ぎ見られてきたと考えられる。(沖田)

高見山頂・高角神社

高見山の源泉（東吉野村）

平成二十九年（二〇一七）の十二月十七日（土）、古代吉野を見直す会で、高見山（一二四八・九メートル）の山麓、東吉野村大字小川にある一日二組限定の宿「ゲストヴィラ逢桜《ほうおう》」を訪問した。訪問の目的は、経営者の桶谷武さんに高見山源泉のお話をうかがい、源泉の湧く現地を見学すること。さらに赤い源泉と丹生との関連をイメージすることにあった。

この源泉は、東吉野村の最東端の高見山の山麓、杉谷川にそそぐ小さな源流域にある。この源泉は日本で三つの珍しい炭酸ガスの間欠泉の一つで、希少価値がある。昭和二十七年（一九五二）にボーリングされ、深さ一五〇メートルの層から約三〇分毎に噴出を繰り返し、六十年以上絶えず湧き出ている。泉質は二酸化炭素ナトリウム・カルシウム塩化物・炭酸水素塩泉。宿では、源泉を数十倍に薄めた温泉で室内風呂と露天風呂の入浴ができる。

ヴィラから車で約十分、杉谷の高見山登山口から杉谷川にそそぐ小川のほとりに一・五メートルほどの赤いドームが見えてきた。ここが「さくら咲く温泉」と名付けられた超高濃度源泉だ。二つの源泉があり、一号井（温泉として利用）は地面から無色透明な液体が湧き出し、湧出口部分は赤く固まっている。二号井は先ほどの温泉成分の固まった赤いタワードームの中に湧き出していて、ここから二～三メートル下の小川の畔にも昔から源泉が湧出しているようで、周りの岩が赤く染まっている。源泉の液体は無色透明で、水温は水と変わらず、口に含むと塩分が強くまるでサイダーのような少しエグミのある強烈な味がした。

一般的に「丹生」とは、金と共に神聖視された水銀朱といわれているが、吉野川沿いには水銀朱は産出しないのに、なぜ丹生川上神社が存在するのだろうか。

おそらくこのような高見山の麓で、炭酸ガスの間欠泉をふき上げ、近くの小川を真っ赤に染める場所を、古来水銀朱に見立てて、その下流の高見川沿いに「丹生」の名を冠する丹生川上神社が創建されたのではないだろうか。赤い源泉と丹生を結びつけるイメージが湧いてきた。（亀田）

高見山の源泉

入之波《しおのは》温泉（川上村）

奈良県の南部を流れる吉野川。その源流に近い大迫ダムの湖畔の谷あいにある入之波温泉の歴史は古く、江戸時代の古地図『大和国細見図』に「塩葉村」と記されている。川底から湧き出る塩湯を求めて、たくさんの湯治客で賑わった塩葉温泉であった。ここは神武天皇が熊野より大和へ入ったとされる道筋でもあり、後南朝・後亀山天皇の皇孫、尊秀王（自天皇）も起居したと伝える歴史の里だ。

元禄七年（一六九四）の『和州吉野郡塩波村温泉縁起』によると、役行者が衆生済度の霊尊を祈り、釈迦・千手・弥勒の三尊を感現し、山上の絶頂に安置、熊野三山・天川・洞川・川上・塩波《しおのは》などの在々所々までクツを入れ錫を飛ばし、神変を現し、鬼神を使い、峨々たる巌巓・石窟・温泉・石滝・仏跡・神場などを草創したと伝わる。

また、新しい日本の幕開けを切った天誅組の志士が落ちのびる途中、傷をいやした湯ともいう。幕末の文久三年（一八六三）九月、天誅組の伴林光平は、平岡鳩平とともに伯母峰《おばみね》峠を経て入之波にたどりついた。その記録『南山踏雲録』の九月十九日条に「河上郷のいやはてなる入之波の里にたどりつきて、そこら見めぐらすに、又さらに憂世遠き山里にて、時しも河向ひの山々、うすくこくこがれいでて、めづらかなる山里の錦なり」と記されている。文豪・谷崎潤一郎もこの地を訪れ、名作『吉野葛』にその

入之波温泉山鳩湯

ようすを綴っている。

山深い山峡に湧く温泉は、大台ヶ原登山者や大峯修験者などの人々に知られる程度の秘湯だった。かつては谷川の岸に露天風呂がつくられていて、訪れる人が自由に使っていた。もとは四〇度を超えるお湯が湧いていたが、昭和三十四年（一九五九）の伊勢湾台風で被害を受け、泉源や露天風呂が埋没したうえに大迫ダムの建設によって温泉は水没してしまった。

昭和二五年（一九五〇）以後、多大の費用を投じて、「ハトの谷」と呼ばれる湖に面した小さな谷をボーリングしたところ、再び温泉の湧出に成功したのが湯元山鳩湯である。

昭和四十八年（一九七三）に開業した「湯元山鳩湯」は、大迫ダム湖の斜面に建ち、玄関から見ると一階建て、湖から見ると三階建ての「吉野建て」と呼ばれる宿。

奥吉野の秘境にある入之波は、全国でも珍しい天然の炭酸泉が大量に湧いている。お湯は無色透明だが、泡水酸化鉄が含まれているため浴槽にたまり、空気にふれると赤褐色に変わる。鉄分を含む濃い温泉の成分が浴槽の縁に何層にも重なるため、杉の浴槽は陶器状になっている。

その効能は、リウマチや神経痛・うちみ・くじき・五十肩など効能も多様で、飲めば糖尿病には特によく、腎臓結石・尿道結石・慢性消化器病や、また便秘にもすぐれた効能があるとされる。お風呂から上がる時はシャワーで洗い流さないのが温泉効果を持続させるコツだ。

温泉に身体を沈めながら、窓を通して見る湖畔の風景は、四季折々に吉野深山の移ろいを感じさせてくれる。（道﨑）

赤岩渓谷（黒滝村）

国道三〇八号線沿いには、「道の駅　吉野路・黒滝」があり、多くの車、バイク等がそこで休憩し、目標地へ向かう。ここは奈良県吉野郡黒滝村内にあるのだが、黒滝村の各集落は道の駅の東方に点在している。道の駅から東方へ向かいしばらくすると、右手に大きなリゾート地が見えてくる。これは黒滝村が、大自然のふところであそぶ、たべる、なごむ施設として創った「森物語村」というリゾート地のひとつで、「森の交流館」などがあり、温泉、食事、宿泊などを楽しむことができる。

さらに東へ向かい、寺戸交差点を右折し少し進むと正面に河分神社がある。

この前を右折すると、小南峠を越えて天川村洞川へ行けるのだが、今はこの社の左を直進し、中戸集落を抜けて「きららの森・赤岩」（森物語村のもう一箇所のリゾート地で、宿泊等が楽しめる）を目指すと、この施設の駐車場に到達する少し手前の、数十㍍ほどの間、右側の川に赤い岩が現れる。これが黒滝村の見どころのひとつ赤岩渓谷だ。黒滝川に赤岩が連なり、回りの新緑や紅葉に映えて四季それぞれに素晴らしい景観になる。

この名所は江戸時代には知られており、『大和名所図会』で紹介されている鎧岩は「きららの森・赤岩」のすぐ手前、小さな橋の真下一帯の鎧状の岩とされている。この橋で対岸に渡ると歌碑もある。

さらに、もう一箇所の赤岩を訪ねる。「きららの森・赤岩」からさらに東方へ、赤滝集落を抜けて二〇〇㍍ほど進むと、左に小さな神社がある。名称や祭神等は不詳なのだが、どういうわけか男根をかたどった木彫物が二個置かれている。

そこからさらに一〇〇㍍ほど東へ行くと、そのまま直進する道（本谷沿いの道）と、上方へ行く道（伊

赤岩渓谷

谷沿いの道）に分かれる。

直進すると「石仏」の看板があり、橋を渡ると左の堂内に石仏がある。このお地蔵さんは、一度下流に流れたが、お告げによって元のこの場所に戻ってきたと言われている。よくある流れ地蔵（流れついた先でお地蔵さんが祭られる）とは異なる言い伝えのある石仏だ。

少し引き返して、先ほどの上方への道を行くと、この分岐点から二〇〇㍍ほどで、少しわかりにくいが、右手に下の川へ降りていく木のはしごがあり、その上流に小さなダムがあり、その辺りにも赤岩がみられる。不動明王が祀られており、今でも信仰の場になっているようすがうかがえる。

赤い色は、我々日本人にとって、大昔の縄文時代から神秘性を感じる色ではないかと思うが、この「赤岩」も何かの信仰と結びついているようだ。

もしかすると、この場所自体に何かのいわれがあるのかもしれないが、黒滝村のなかでもかなり奥まった場所で、毎年ここで祭礼が行われている。（繁田）

岡峯古墳（下市町）

奈良県の遺跡地図によると、吉野郡内には約六六基の古墳が確認されている。そのうち約五十二基が大淀町にある。しかし、一部の古墳を除いて詳細な調査はされておらず、その大半の古墳の規模や年代は明らかにされていない。実際に見学できる古墳はわずか数基しかないなかで、岡峯古墳は石室の見学ができる貴重な横穴式石室の一つだ。

近鉄吉野線下市口駅から南へ歩き、吉野川の清流に架かる千石橋を渡り、南詰交差点を左折する。吉野川に沿って、県道三十九号五條吉野線を吉野方面へ向かうと、桧の渡し跡の石碑と、吉野川の湧水の水屋がある。そこからさらに東へ向かうと、阿知賀《あちが》郵便局付近に岡峯古墳の案内標識が出てくる。町営住宅への急な坂道を登ると岡峯古墳が見えてくる。

現在、児童公園というかたちで保存されており、古墳の入口は覆屋で閉じられているが、昭和

岡峯古墳の入り口

三十九年（一九六四）に下市町の町営住宅の建設計画に対し、奈良県や文化財保護委員会（現・文化庁）より、貴重な古墳であるので破壊しないよう申し入れをされた。しかしながら、古墳の破壊を前提とした宅地計画の発掘届が提出されたため、奈良県教育委員会と下市町で共同調査を実施。その結果、当時県下では初めての「石棚」が確認されるなど、歴史資料的価値の大きさが認識され、最終的には保存措置が取られ、危うく破壊を免れた古墳だ。昭和四十一年（一九六六）には奈良県指定文化財になった。

標高一六〇㍍の丘陵上に築造された岡峯古墳は、直径十八㍍、高さ四・五㍍の墳丘をもつ円墳で、ほぼ西向きに開口している。地下室へ降りるような傾斜のある羨道を進むと、一旦狭くなり玄室前道部と呼ばれる玄

岡峯古墳の石室内部　入口(右)、奥壁と石棚(左)

関のような一段低くなった空間がある。玄室はあまり奥行きがなく、持ち送られた高い天井は、結晶片岩の割石を巧みに積み上げて造られている。また、奥壁に沿って箱式石棺がしつらえられており、その上部には石棚が架けられている。石棚の使用目的については、棺台や副葬品をのせるものなどがあるが、岡峯古墳の場合は、石室を補強するために架設されたと考えられている。古墳の築造年代は、見つかった須恵器から六世紀後半〜末頃とされている。副葬品として、金銅製の単鳳環頭大刀の柄頭や、唐草文や連続三角文をあしらった銀象眼のある金銅装黒漆塗大刀の柄頭が見つかっている。唐草文様は法隆寺軒平瓦に刻まれたものより半世紀さかのぼるもので、日本最古の唐草文とされている。吉野川を見下ろす丘陵上に築造された「岩橋型」の石室墳の存在が、吉野地域と紀ノ川流域の豪族、紀氏との密接なつながりを示している。（道﨑）

越部古墳（越部一号墳・二号墳　大淀町）

近鉄吉野線越部駅から国道を渡り、北へ徒歩約六分。吉野川の支流である越部川沿いの古道（壺阪峠）を辿ると、やがて正面に小高い畑地（崖）が見えてくる。知らなければ見過ごしてしまいそうなところに、六世紀から七世紀にかけて造営された二基の横穴式石室墳がある。

越部古墳が所在する丘陵先端部は、この丘陵を取り巻くように走る道路の拡幅工事によって幾度か削平を受けていた。崖面から石室の一部が露出し、須恵器が発見されたのをきっかけに、平成九年（一九九七）、本格的に発掘調査が実施された。

越部古墳は一・二号墳ともに横穴式石室をもつ円墳で、槇ヶ峯古墳や岡峯古墳（下市町）などの吉野川流域の古墳と同じく、紀ノ川流域に分布する岩橋型石室の構造をもちながら、大和盆地の群集墳にみられる片袖式平面プランをもち合わせており、岡峯古墳のように完璧な岩橋型古墳とは違った、大和型と融合した石室構造であることが判明した。飛鳥と吉野の玄関口として栄えた土地であったため、両者の影響を受けたのではないか。

　なお、一号墳では全国的にも珍しい鳳凰をかたどった装飾大刀の柄の部分が発見されており、武人的性格をもった当地の有力な被葬者像が浮かんでくる。

　また石室内からは「堂」の文字を記した平安時代の墨書土器（一〇世紀後半）が見つかっている。古墳の所在する周辺に「堂ノ上《どのうえ》」や「堂ノ坂《どのさか》」の地名が残ることから、付近に寺院の存在が想定され、それを裏付ける説話が『日本霊異記』に綴られている。

　元興寺の僧、広達が金峯山に入り修行していた頃、秋野川に架かる橋を渡ろうとすると、橋の袂から何者かが助けを呼ぶ声がした。不思議に思い降りてみると、川の橋にされた彫りかけの仏さまがお声を発しているのを見つけた。広達はそれを拾いあげて自分が完成させることを誓い、阿弥陀仏、弥勒仏、観音菩薩を作りあげ、これらの仏像を吉野郡越部村の岡堂に安置したという。『大淀町史』では、『日本霊異記』に登場する地名を根拠に「岡堂」の候補地として越部古墳が所在する丘陵を推定している。

　それに加えて「堂」と書かれた墨書土器が古墳から発見されたことで、この推定に有力な物的証拠が得られたともいえるだろう。説話や伝承の世界にも史実を読み解く鍵が隠されていたのだ。

調査後、越部古墳は埋め戻されてしまったが、僅かに見える石室の一部の緑の石が、吉野川の美しい流れや風景と重なる。（道﨑）

越部1号墳から南を遠望

宮滝遺跡とその周辺（吉野町）

宮滝遺跡は、縄文・弥生・飛鳥・奈良時代の複合遺跡だ。昭和三十二年（一九五七）に国の史跡に指定されている。いくつかの異なった年代の遺構が存在し、昭和五年（一九三〇）、末永雅雄等により継続的に発掘調査が行われ、吉野きっての大型遺跡として注目されてきた。ここからは、多くの掘立柱の建物遺構と礎石をもつ建物遺構（九世紀代のものも含む）、更に敷石や溝の遺構、土坑から多数の土器が出土している。遺跡から見つかった縄文時代の宮滝式土器、弥生時代の壺や土器棺、飛鳥時代の土器・須恵器や池状遺構等の復元模型、奈良時代の土器・須恵器、平安時代の黒色土器、江戸時代の墨書土器などは、遺跡に隣接する吉野歴史資料館に展示されている。

いま宮滝遺跡を訪れてみると、発掘調査後はすべて埋め戻されて、辺り一面広々とした緑地になっているが、この場所で多くのドラマが繰り広げられたことだろう。吉野宮の所在地をめぐっては、今まで諸説があり、いろいろな論争もあったが、近年の調査で奈良時代前半の宮滝遺跡中心部の建物配置や遺構などが、藤原宮や平城宮の内裏と同規格の建物であったことが明らかになってきている。この大型建物跡が吉野宮の中心となる「正殿」だったと考えられ、また、その周辺に「後殿」「脇殿」と見られる同時期の建物群・離宮を囲った塀が整然と並んでいた事もわかった。これらの施設は、飛鳥時代に斉

宮滝の風景

明天皇により造営され、天武天皇、持統天皇、文武天皇、元正天皇、聖武天皇などが頻繁に行幸した「吉野宮（離宮）」の跡であると考えられている。

古代の天皇・上皇が「吉野宮」に行幸した理由は、五穀豊穣を祈願する祭祀を行うだけではなく、吉野があこがれの仙境の地であったためと推察される。

吉野川をはさんで対岸に注ぐ象の小川をさかのぼれば、そのほとりに桜木神社が鎮座している。社には国造りの神でもあり、医療の神でもある大己貴神、少彦名神、天武天皇が祀られている。その社殿は、素晴らしい自然のなかに、朱色もあでやかな建築美を見せており、屋根をかけた「屋形橋」が象の小川をまたいで境内へと誘って、より一層風情が感じられる。(鈴木)

大名持神社と大汝詣り(吉野町)

吉野川に架かる桜橋から上流を見ると、北に妹山、南に背山が、川を挟んで向かい合っている。ここは、日本版「ロミオとジュリエット」と呼ばれる人形浄瑠璃「妹背山婦女庭訓」の舞台として有名な地だ。妹山は吉野川の右岸、南伊勢街道と東熊野街道の追分にある標高二四九メートルの山で、全山を照葉樹の原生林が覆っている。

人工林の多い吉野に、このような原生林が残された理由は、山の麓に大名持神社が祀られ、山そのものが「カンナビ山」として信仰され、「忌み山」として入山が禁止されてきたためだ。山中はツルマンリョウ、ルリミノキ、テンダイウヤクなど珍しい植物の宝庫となっており、なかでもツルマンリョウは、当初「アナムティア・ストロニフェラ」の学名がつけられたが、アナムティアは「大名持」の神名にちなんで命名されたもので、日本の神様の名が学名となった珍しい例である(現在、アナムティアの学名は使われていない)。

妹山　大名持神社

この大名持神社は「大名持御魂神」を主祭神とし、境内には神明造の本殿が鎮まっている。『延喜式（神名帳）』では「大和国吉野郡十座」のうち名神大社に列せられ、室町時代にはすでに「大汝宮《オナンジノミヤ》」として広く呼ばれていたようで、境内の灯籠にもその名が刻まれている。

ところで、この神社には「大汝詣り」と呼ばれる不思議な民俗行事が伝わっている。社前の下を流れる吉野川の潮生渕《しおいぶち》に、毎年六月三十日に海水が湧き出るとの伝えがあり、この渕で禊ぎをし、小石を村に持ち帰り、神事に用いるという風習だ。今もなお奈良盆地南部の各地の宮座行事として行われている。

江戸時代の『大和名所図会』では、妹山の前の吉野川右岸に大きく入り込んだ渕が描かれ、そこに「汐かふち」と記されている。土地の伝承では、この渕が遠く熊野灘に通じていると信じられていたそうで、渕の底からはたくさんの泡がわき上がっていたといい、ピリッとサイダーのような味がして、これが「潮」の味だと思われていたようだ。ここから上流にも、多くの温泉があるが、そのほとんどが「炭酸塩泉」であることから、この渕の泡も、塩分を含んだ炭酸であったと想定される。

江戸時代によく知られていた潮生渕は、残念ながら昭和三四年（一九五九）の伊勢湾台風で渕が消滅してしまった。

なお、大名持神社の境内には、明治初年まで「大海寺」があった。書写の際に「汝」が「海」に誤記されたとも推測できるが、この「海」が「潮」のイメージにつながり、先述の民間信仰が生まれたとしたら、とても興味深いことだ。

大台山系の水を集めて、深い渕や早瀬と姿を変えながら流れる吉野川は、太古より聖なる川と崇められてきた。その河岸に人の手が入らない忌み山として信仰された妹山と、淡水の吉野川に潮が湧くという潮生渕の伝承。この二つの伝承によって大名持神社は人々の信仰を集め大汝詣りもまた、大和と吉野を結ぶ貴重な民俗行事として今に受け継がれている。（宇田）

大神神社（桜井市）

三輪山は、標高四六七㍍の美しいカンナビ山で、人々の崇敬を集めてきた。額田王の「三輪山を しかも隠すか 雲だにも情《こころ》あらなも 隠さふべしや」（『万葉集』巻一―十八）ほか、万葉集にも数多くの歌が詠まれている。

大神神社（通称三輪明神）は大和国一の宮。奈良の中心的神社である。本殿はなく拝殿奥に鎮座する三輪山を神体山とし、自然崇拝の神まつりの原初のかたちを今に伝えている。参道にそびえたつ大鳥居、二の鳥居も目を引くが、拝殿やその奥にある三ツ鳥居が国の重要文化財となっている。

主祭神は三輪氏の祖先神である大物主神と、「国造りの神」である大己貴命（大国主命）、少彦名神《すくなひこなのかみ》が祀られている。崇神天皇の時代には、大物主神の子孫の大直禰子《おおたたねこ》に

大神神社スケッチ（絵:中瀬裕司）

よって三輪山に祀られたことで、疫病が鎮まったことから薬の神様としても篤く信仰されている。

境内には、醸酒の神をまつる活日社《いくひ》、薬井戸と並んで、病気平癒の狭井神社や、知恵の神様、久延彦《くえひこ》神社など多くの摂社がある。

年頭の御神火祭りから始まる祭典・神事も数多く行われており、多くの人が参拝に訪れる。

入山する場合は狭井神社で「三輪山参拝証」の襷を受け取り、備え付けの御幣でお祓いをしてから登拝する。神体山なので敬虔な気持ちでの登拝が求められる。山中には「磐座」があり、登山道の両脇は禁足地となっており、太古の昔からの趣きが感じられる。

山頂にある高宮《こうのみや》神社の奥には「奥津磐座」があり、往時の祭祀の姿が偲ばれる。（中瀬）

浄見原神社（吉野町）と国栖奏

『古事記』ならびに『日本書紀』によると神倭磐余彦東征の折、吉野川のほとりで岩穴より尾のある人が出で「汝は誰ぞ」と問えば「我は国つ神、名は岩押分神の子なり」と答う。そこで神倭磐余彦はその尾のある人に国栖の名を与え、それ以後国栖人は道案内をし、大和平定に協力することになる。後に神倭磐余彦は大和畝傍橿原の宮で即位し、神武天皇となる。

その後、十五代応神天皇の御代、天皇が吉野の宮に行幸された折、「国栖人来たりて醴酒（一夜酒）土毛（その地の産物国栖では根芹、栗、年魚など）を捧げ、歌を奏して天皇を慰めた」とあり、これが国栖奏の始まりとされ、宮中で奉納されるようになる。

壬申の乱の際、出家して吉野に入っていた大海人皇子は過去における皇室と国栖とのゆかりを思い、吉野の地理を知り尽くしている国栖人を味方につけようと吉野宮を出た。そして国栖まで来て、大友軍が襲って来た時、国栖人は川辺の舟に皇子達を隠し危うく難を逃れたという。国栖人は大海人皇子を迎え、たいそう喜んだ。

訪れる人さえいない山深き里に初めて迎える貴人やその衣装は物珍しく、河原の大岩のうえで御馳走や酒を勧め、輪になって立ち上り、天を仰いで口を叩いて舞う。百済から伝わった華麗な異国の舞に見慣れた皇子の目には、素朴で新鮮に映り大いに大海人皇子を喜ばせたことだろう。

この後、美濃から近江へと戦いは繰り広げられ大友軍に勝利し、飛鳥浄御原宮で皇子は即位し天武天皇となる。

応神朝以降、即位式や大嘗祭、各節会には国栖人が参内し奉納されてきた。平安時代末期以降は京の情勢が変わり、その後毎年旧暦の正月十四日、吉野町南国栖の天武天皇を祭る浄見原神社で奉納されているのが国栖奏（奈良県指定無形民俗文化財）である。

浄見原神社は大海人皇子を舟に隠した河原の岩壁に創建され、足元を流れる吉野川の渕を「天皇渕」という。神饌にはウグイ、醴酒、土毛（芹）栗、毛瀰（蝦蟆）で、被せた網の中で蝦蟆《カエル》が跳ねているのは愛嬌がある。

早朝から精進潔斎をした翁筋といわれる家の男性、翁二人、笛翁四人、鼓翁一人、歌翁五人が桐、竹、鳳凰の描かれたクリーム色の装束を付け、神官に導かれて笛を吹きながら川筋の参道を行く。舞殿では翁がサカキと鈴を持って舞い朗々とした歌翁の声、笛、鼓、鈴の音が冷えきった空気を破り「正月」「延栄《えんえい》」「二月」「延栄」と十二月まで囃す。最後は右手を口に当て上体を反らす「笑いの古風」を行って終わる。

国栖奏（奈良県指定無形民俗文化財）

渕を造り、蛇行する清らかな流れの吉野川を眼下に厳かな楽の音が響く早春の河原は時が止まったようだ。応神朝にまで思いを馳せ、それ以後の朝廷との結びつきなどを思いながら国栖奏を見学し、浄見原神社の地に立てば、地元の人でなくとも胸に迫るものがこみあげてくる地だ。（前田）

丹生川上神社（川上村・東吉野村・下市町）

丹生川上神社は、天平宝字七年（七六三）、朝廷より奉幣と黒毛馬の奉納が行われたと記され（『続日本紀』）、その後、平安時代の『延喜式』では、臨時祭で奉幣の他に祈雨の時は黒毛馬を、止雨の時は白毛馬を献上することが記されている。古来、馬は神様の使いと見なされ、大切にされてきた。また、神様に馬を献上することは、絵馬の奉納というかたちで引き継がれ、今では全国の神社で行われている。

この神社は元来、大和神社（奈良県天理市に鎮座）の別宮であったとされ、現在でも大和神社の社域には高龗《たかおかみ》神社があり、そこでは雨師大神を祭り、六月一日に例祭が行われている。かつては十年に一度、大祭が行われ、千人あまりの参拝者があったとされる。

また当社は、平安時代中頃から中世にかけて、朝廷から特別な崇敬を受けた「二十二社」の下八社の一つだった。京都の貴船神社と当社に対してはたびたび、祈雨・止雨祈願の勅使が朝廷から遣わされていた。

この遣使は、応仁・文明の乱（一四六七〜七七年）まで続いたが、その後社運が下降し、大和神社の衰退とあわせて、その祭祀権は十五世紀頃に台頭してきた地元の豪族小川氏に移ってゆく。

そして室町時代以降、丹生川上神への信仰は薄れ、神像群は火災にあった痕跡も残り、社伝では、中世以降たびたび造改築されたことも伝えられている。多くの奉幣を受けた名社も所在不明となっている。

江戸時代以降は、国学の振興にともない、式内社の所在地についての考証が盛んになる。その結果、式内大社の丹生川上神社は、丹生郷（現下市町）の丹生大明神（現下社）に比定され、明治四年（一八七一）には官幣大社に列することになる。

これに対し、江藤正澄が明治七年（一八七四）、丹生郷は太政官符にいう四至に該当しないとして、川上村迫《さこ》の高龗神社（現上社）に注目し、これを〈奥の宮〉、丹生郷のそれを〈口の宮〉と称し、上社・下社と呼ぶことにした。明治二九年（一八九六）には、高龗神社「奥の宮」を上社の名で正式に比定。丹生大明神社「口の宮」は下社とし、二社合わせて丹生川上神社と呼ばれるようになった。

その後、大正四年（一九一五）になって、小川村（東吉野村）の蟻通《ありとおし》神社が太政官符にいう四至の範囲に合致することを考証し、この神社こそ本来の丹生川上神社であるとの説（森口奈良吉）が世に出され、内務省でその調査研究と考証が重ねられた。その結果、大正十一年（一九二二）、蟻通神社を丹生川上神社中社とし、三社合わせて丹生川上神社と呼ぶことになり、社務所は中社に置かれた。

戦後の昭和二七年（一九五二）、三社は宗教法人として別々の神社に分離独立しているが、歴史学の上では上社（川上村）、中社（東吉野村）、下社（下市町）の三社を「論社」と呼び分けることが一般的になっている。三社はそれぞれ距離的に離れてはいるが、各社ともその趣が異なり周辺の環境も優れ、三社とも訪ね祈願すればそのたび気分がリフレッシュされるだろう。今は、丹生川上神社は三社とも、京都の貴船神社と共に水の神様として、全国的に高名な神社となっている。

それでは、現地を訪ねてみることにしよう。（道﨑・亀田・繁田）

(1) 天空の社、上社（川上村）

国道一六九号に沿って川上村に入ると、迎えてくれるのは巨大な大滝ダム。その大滝ダムから南へ約三キロ、湯盛温泉「ホテル杉の湯」から天川村方面に繋がる坂道を道なりに進むと、石垣の上に丹生川上神社上社が見えてくる。つづら折れの階段を登ると、眼下には大滝龍神湖が広がり、目線とほぼ同じ高さには高原山や、美しい白屋岳を一望できることから「天空の社」とも呼ばれている。

日本三大人工美林に数えられる吉野杉に囲まれた川上村は、約五〇〇年前から植林が行われてきた吉野林業発祥の地だが、吉野川の源流部には、現在も手つかずの天然林が残っている。紀ノ川水系の源流となるこの地は、太古より神の坐す場所として信じられ、天から降り落ちる水には神聖な力が宿るとされてきた。

伝承によれば、白鳳四年（六七五）、天武天皇は高龗大神から「人声の聞かない深山、吉野の丹生川上に我が宮柱を立てて祀れば天下のために必要な雨を降らし大雨を止めるであろう」という神宣をうけ、社殿が建立、奉祀されたという。以降、丹生川上神社は水に関わる神社の総本宮として古来龍神である高龗大神を祀り、雨を降らせる祈雨には黒い馬を、長雨には止雨の白い馬を献上祈願し、朝廷より篤い崇敬を受けて来た。なお、この生きた馬の代わりに絵馬を奉納する風習がのちに普及したと伝わる。本殿の両脇には狛犬の代わりに二頭の凛々しい馬が侍り、伊勢神宮の古材を用いて造られた三間社流造銅板葺の本殿は、平成一〇年（一九九八）に造営された。旧社殿は大正六年（一九一七）に築造されたもので、現在は飛鳥坐神社（高市郡明日香村）に移築され同神社の本殿となり、新たな地で歴史を受け継いでいる。

丹生川上神社上社の復元石敷き

かつて上社は、吉野川の河畔（小字宮の平）に鎮座していたが、大滝ダムの建設に伴い神社が水没することとなり、やむなく現在地に遷座した。その後、奈良県立橿原考古学研究所による旧社地の発掘調査で、本殿基壇の下から縄文時代～江戸時代までの複合遺跡（宮の平遺跡）が発見された。『延喜式』に名の見える古社の全面的な発掘は初めてのことで、神社・社殿建築の歴史や展開を考える上で貴重な事例として記録されている。

上社の境内には、この発掘成果に基づき、鎌倉時代の旧本殿の礎石や平安時代の祭場跡（石敷き）が復元されている。

また、長さ約三〇センチ前後の石棒と呼ばれる細長い石が直立した状態で発掘された。これも縄文時代中期頃から東日本を中心に発達した地母神信仰に基づく貴重な遺構として注目を集めた。旧社地を見下ろす「森と水の源流館」には発掘当時のようすや、宮の平遺跡の復元模型などが詳しく展示されている。およそ一万年以上も続いた祈りの聖地は現在、湖の底深くに眠り、水の神様は山へと登り、天空の社は川上村を見守るように、丹生川上の祭祀を継承し続けている。（道﨑）

(2) 丹生川上神社中社（東吉野村小《おむら》）

はじめに、中社を取り巻く素晴らしいロケーションの見どころを述べておくことにしよう。

神社の前には清流の高見川が流れていて、その上流約一〇〇㍍の「蟻通橋」からは、木津川・日浦川・四郷川が合流して高見川になる「夢淵」（ゆめぶち・いみぶち）と呼ぶ深渕が望める。

この場所は、神武天皇が大和平定のため、厳瓮《いつへ》を沈め戦勝を占った所と伝え、橋を渡った「夢淵」を臨む景勝地には、昭和十五年（一九四〇）に紀元二六〇〇年の奉祝事業として建立された「神武天皇聖跡丹生川上顕彰碑」が建つ。

顕彰碑と道を挟んだ向かいには、丹生川上神社中社の旧社地で、「本宮」とも称される境内摂社の丹生神社があり、大正十二年（一九二三）、当社の「御霊代」が中社本殿に遷されたことで摂社になった。

丹生川上神社中社からすこし下流に行くと、山側の長い階段を登った高台に天照寺（曹洞宗）がある。鎌倉時代の創建で、中世にこの地域を支配した小川氏の菩提寺だ。小川氏は室町時代に活躍した小川郷「丹生社」の神官家と伝え、長禄二年（一四五八）に南朝の遺臣達から神璽《しんじ》を奪取した小川弘光はよく知られている。寺の一段下に小川氏の墓地があり、小川氏の墓石と伝える南北朝期の五輪塔五基、鎌倉後期から南北朝期にかけての十三重石塔二基がある。墓地のすぐ隣には、天正二年（一五八四）建立の寄棟茅葺屋根の薬師堂（奈良県指定建造物）がある。

さて、中社に戻って鳥居をくぐると、正面の拝殿の後方に江戸時代末期に築かれた、流造り檜皮葺きの三棟の社殿（本殿・東殿・西殿）が見えてくる。一部欠落も見

丹生川上神社（中社）

られるが、柱や欄間に施された精緻な彫刻と彩色から往時が偲ばれる。

本殿前には、「丹生社」「弘長四年」（一二六四）と陰刻された名工・伊行吉作の石灯籠があり、その材質は石英粗面岩で高さ約二・六メートル。国の重要文化財となっている。本殿には、主祭神の罔象女神坐像（鎌倉時代）をはじめ合計二〇体の神像が伝わっている。それらは平成二十九年（二〇一七）、奈良県指定文化財となった。そのうち罔象女神坐像（鎌倉時代）と女神坐像（平安時代）の二体が、令和元年（二〇一九）十月三日から十一月二四日にかけて、イギリス大英博物館の特別展「奈良―日本の信仰と美のはじまり」に出陳され、話題を呼んだ。（亀田）

罔象女神坐像（イギリス大英博物館にて）

(3) 大和丹生川のほとりに建つ下社（下市町）

江戸時代には「丹生大明神」として広く信仰を集めた古社であった。

所在地は下市町長谷となっているが、一帯は江戸時代から丹生郷と呼ばれ、上流の河川が大きく蛇行するあたりが、「丹生村」と呼ばれていた（現在の下市町丹生）。当地の丹生川原手垣内遺跡からは、縄文時代早期にさかのぼる遺跡や、鎌倉・室町時代の居館跡が見つかっている。その付近の川床では、少量ながら炭酸塩泉の湧くスポットが確認でき、上社旧社地（宮の平遺跡）とよく似た立地にあるといえるだろう。

下社境内に接する馬場垣内地区の旧丹生郵便局付近では、六世紀にさかのぼる土器・須恵器がほぼ完形で発見されていて、これは、丹生川上神社の起源を考える上で重要な資料だ。発見地付近には、横穴式石室の奥壁と見られる巨岩も残されていることから、いまは古墳の副葬品である可能性も考えられている。

さて、水神として信仰の篤いこの神社の付近には「丹生神社」が多く、昔は付近に多くの井戸が存在したとも言われている。神社の付近では、かつて水が豊富に湧出していたことがわかるのだが、今も社域内にご神水が汲める「丹生の御食の井」があり、昔はこれに似た井戸が付近に複数あったと思わ

丹生川上神社下社の本殿へと続く階段

れる。
また、この神社の拝殿から本殿までは急傾斜の七十五段の階段で結ばれていて、普段は通れないが年に一度、六月一日の例祭の時のみ、一般の参拝者にも開放される。今の階段は近年に復興されたものだが、その山頂付近には古代に祭祀施設があったともいわれており、人が山麓から階段を登って山頂の神に奉献するという、昔からの習いを今に伝えるものなのかもしれない。
なお境内には、文久三年(一八六三)におこった「天誅組の変」に参加した志士・橋本若狭の顕彰碑が建っている。彼はこの神社の神官でもあった。
なお、この神社では馬を奉納する故事から現在、ポニーの黒馬と白馬が飼われている。ぜひ神馬もたずねてみてはどうだろうか。(繁田)

大和神社（天理市）

国道一六九号線に沿った、大和神社前のバス停の西に大和神社は鎮座している。旧上街道（上ツ道）に建つ大和神社の一の鳥居をくぐり、約二〇〇メートル続く参道を行くと、春日造り檜皮葺の社殿がある。

『延喜式（神名帳）』に「大和坐大国魂神社三座」とある名神大社だが、三座とは主祭神の大和大国《やまとおおくに》魂大神《たまのおおかみ》と、八千矛神《やちほこのおおかみ》・御歳神《みとしのおおかみ》のことをいう。大和国魂大神は国土安寧の神、八千矛神は武神で、いずれも大国主神の異名同神だ。御歳神は農業の神として知られている。

神社の周辺は現在、大和古墳群と呼ばれているが、境内の一角に横穴式石室をもつ前方後円墳の星塚古墳（六世紀後半）がある。拝殿右手には初代宮司とされる倭直氏の祖・椎根津彦《しいねつひこ》命や、戦没者を祀る祖霊社があり、戦艦「大和」とのつながりもよく知られている。

境内には、遣唐使の無事の帰国を願って詠まれた、山上憶良の長歌「好去好来《こうきょこうらい》」の歌碑が立っていて、往路（去）・帰路（来）の航海の安全を大和の大国御魂が守っていると謳われている。

『日本書紀』によると、持統天皇が藤原の宮地の鎮めを行うに際し奉幣した神とされ、寛平九年（八九七）には正一位の神階を受けるなど、古くから敬われた神社である。

また崇神六年、世の中が乱れ、それまで宮中に「同殿共床」で祀られていた天照大神と「日本大国魂神」を宮殿の外へ遷座。

天照大神は、天皇の娘である豊鍬入姫《とよすきいりひめ》に託され、「倭笠縫邑」に神籬《ひもろぎ》を立てて祀られる。いま檜原神社では、三ツ鳥居の前に豊鍬入姫が祀られ、「元伊勢」「笠縫邑伝承地」の案内がある。

これに対し、大和大国魂神は淳名城入姫《ぬなきいりひめ》に託されたが、姫は髪が抜け落ち神を祀ることができなかったので、長尾市という人物に祀らせることにした（大和神社南方の岸田町には淳名城入姫神社がある）。

続く『日本書紀』垂仁紀二十五年の分注によると、「穴師邑」をその神地とし、淳名城稚姫に「大市長岡岬」で祀らせたが、その後、倭直の祖・長尾市宿祢を祭祀者としている。穴師山のふもと、桜井市穴師の兵主神社下方一帯が穴師邑の推定地で、当初そこに倭大国魂を祀ったようだ（現在地には十一世紀ごろ遷座したとされている）。

この「大市の長岡岬」の場所は定かではなく、中山大塚古墳（天理市）の上に建つ大和若宮神社、元神宮寺の上長岡町《かみなんか》・長岳寺付近など諸説がある。

この『古事記』『日本書紀』にいう長尾市の祖先は、神武東征の功臣。『先代旧事本紀（国造本紀）』には「橿原朝の御世椎根津彦をもって初めて大倭国造に為す」とある。長尾市の祖先の椎根津彦は、神武天皇が橿原に即位ののち倭（大和）国の初代国造に任じられた。神武天皇の東征の磯城の戦で椎根津彦は、敵軍のあふれる磐余を通って天の香久山の土を採取して瑞兆を示している。

また、その土で作った厳瓮《いっへ》を丹生川に鎮める神事を行い、椎根津彦が供奉する場面がある。丹生川上神社との関連を思わせる。

本殿西側には、「雨師明神」とも呼ばれる水の神、末社の「高龗神社」がある。この末社がいつからあるのかはわからないが、社伝では、丹生川上神社が当社から分祀した「別宮」であるとされ、逆に吉野の丹生川上神社から分祀されたとも考えられる。（川井）

大和神社（右）と高龗神社（左）

丹生都比売神社（かつらぎ町）

和歌山県橋本市の西部にかつらぎ町がある。ここには、平安時代末期に造られた名跡が多い。また、天野米というおいしいお米でも知られる。町内の天野盆地には紀伊國一之宮の丹生都比売神社がある。空海とも関係が深い。

参道を歩くと外鳥居、輪橋、中鳥居、楼門と、美しい丹色の建物が続く。外鳥居をくぐると、鏡池に架かる大きな輪橋と室町時代建立の大きな楼門が目に止まる。楼門の向こうには、横並びに第一殿から第四殿までの四棟の本殿と若宮が並んでいて、楼門と本殿は重要文化財に指定されている。

第一殿に祀られる丹生都比売大神は、神代に三谷の地（現かつらぎ町三谷）に降臨、紀州・大和を巡り農耕を広め、天野の地に鎮座したと伝えられている。祭神の名前に付く「丹生」については、全国にその地名があり、その由来については諸説があるが、赤色は昔から呪術的な力があると信じられてきたので、その色の鉱石を産出するところの地名かもしれない。この神社は、高野山や空海との関係が注目される。第二殿の祭神は高野御子大神で、二匹の犬が空海を高野山に案内したと伝える。空海はこの神社の神領の高野山を借り受け、壇上伽藍の「御社」に二神を勧請し守護神として祀り、そこに真言宗の総本山を開創した。そのため、丹生明神・高野明神が今でも高野山の山上伽藍の「御社」で祀られている。明治時代初めの神仏分離後も、高野山では両明神に読経を捧げたり、高野山で修行する僧侶が当社を訪ねて護摩札を納めたりしている。空海が抱いた感謝の想いは、千二百年を経た今日でも引き継がれているようだ。

この神社境内について、神道と仏教の融合した伝統的信仰が評価され、平成十六年（二〇〇四）、「紀伊山地の霊場と参詣道」として世界遺産に登録されている。

本殿のうち、第三殿には大食都比売大神（福井県の気比神宮から勧請）が、第四殿には市杵島比売大神（広島県の厳島神社から勧請）が祀られている。この両神は鎌倉時代に行勝上人が勧請し、上人自身も第四殿の西隣の若宮で祀られている。四棟の各本殿は一間社春日造では日本一の規模であり室町時代の建物だ。平成二十六年（二〇一四）に江戸時代の色彩に復元され、さらに壮麗さが際立っている。

丹生都比売神社

なお、神社の西側には修験道関係の石造品が集められており、神仏分離まではこの辺りに仏堂もあったそうだ。大峯修験者の碑が数点、葛城修験に関係がある「脇ノ宿石厨子」、梵字で仏教的意味を記した「光明真言曼荼羅碑」があり、かつてこの天野の地で大峯修験や葛城修験との交流があったことを物語っている。（繁田）

吉野水分神社（吉野町）

古くから神仙の住む理想郷とされ、後に修験道の聖地としても信仰をあつめるようになった吉野山。現在は桜の名所で知られるが、もともとは吉野山に連なる青根ヶ峯からいくつも川が流れ下る分水嶺だったことから「水分の地」と称され、その山容を万葉人は「神さぶる 岩根こごしき み芳野の 水分山を 見ればかなしも」（『万葉集』巻七―一一三〇）と詠み、水を司る神の依りつく山として崇拝してきた。

青根ヶ峯からは、東西南北に音無川、秋野川、丹生川、象川（喜佐川）が流れ出している。その源流の神として建立されたのが吉野水分神社だ。「水分」とは「水配り」のことで、山谷から流れ出る水を程よく田畑に分配して灌漑の便を図ることを意味している。「水分神社」は奈良県に多くみられ、この吉野

吉野水分神社

水分神社の他に、宇陀や都祁、葛城にもあり、いずれも水の分配に関する神様として知られている。

吉野水分神社の創建は不詳だが、『続日本紀』の文武天皇二年（六九八）に朝廷が「芳野水分峯神に馬を奉り祈雨した」と記されていて、古くから水を司る天之水分神を祭神とし、もとは広野千軒跡（現在の高城山展望台から尾根を北へ下ったところ）に鎮座していたが、のちに現在地へ遷座されたと考えられている。楼門をくぐると、中庭を囲むように左手に拝殿、正面に幣殿、右手に本殿という珍しい配置をしている。神山の青根ヶ峰を背にして本殿を建てるには土地が狭いため自然とこの配置になったのだろう。石段の上に建つ本殿は、三殿を一棟に連ね、中殿は一間社春日造、左右の二殿は三間社流造の特異な様式となっている。蟇股《かえるまた》などの彩色された彫刻が華やかで、本殿を含めた重層入母屋造の楼門や、単層切妻栃葺の回廊、拝殿、幣殿等の社殿は慶長九年(一六〇四)、豊臣秀頼による再建で、重要文化財に指定されている。

祭神の玉依姫命《たまよりひめ》と伝えられる女神像は、鎌倉時代の寄木造。玉眼入りで彩色や切金文様などがよく残り、国宝に指定されている。高さ約八十三㌢で彩色の十二単衣をまとい、王朝時代の貴女の気品と美しさを備えているという。また、吉野水分神社は俗に「子守宮(子守明神)」と呼ばれ、子授けの神としても信仰を集めている。豊臣秀吉が秀頼を授かった恩恵に感謝して、慶長三年(一五九八)に再建を志し、その後秀頼が秀吉の遺志を継いで完成させたものと伝えられている。

国学者の本居宣長も、計三回吉野を訪れている。西行法師をしのび、桜花を愛でることのほかに、宣長には子守明神(水分神社)に参詣するという特別な目的があった。なかなか子どもに恵まれなかった父親が、吉野の子守明神に祈願してやっと生まれたのが宣長だったからだ。「みくまり」が訛って「みこもり」になった由来もここにあるという。古くは藤原道長が山上御在所に参詣した際、既に山上には「子守三所権現」が祀られていたと『御堂関白記』にも記されている。両者は別物とされるが、何らかの関係はありそうだ。

人里離れた山奥でありながら日本の歴史舞台となり、幾多の別れが描かれた吉野山。その中で新し

い命のご利益を授ける吉野水分神社は、今も参拝者が絶えることはない。（道﨑）

金峯神社（吉野町）

吉野山最高峰（八五八㍍）の青根ヶ峯からやや下った尾根沿い、吉野水分神社から徒歩十五分程で、二之鳥居（修行門）を越えた所に金峯神社は鎮座している。青根ヶ峯は奈良時代の吉（芳）野離宮から南へ五㌔程の距離にあり、その秀麗な山容からカンナビの山とされ、離宮を訪れる都人の憧れの山となっていた。「神さぶる　岩根こごしき　み吉野の　水分山を　見ればかなしも」（『万葉集』巻七―一一三〇）と歌われたこの聖なる神体山に、いつしか金鉱があると信じられるようになり、王権により金鉱護持の金山彦神を祀る金峯神社が創建された。創始時期は明らかではないが、『文徳天皇実録』仁寿二年（八五二）十一月九日の条に「大和国金峯神に特に従三位を加える」とあり、翌三年五月十日条には「明神大社に預かる」とある。『古事記』『日本書紀』によると、金山彦神は伊邪那美神が火の加具土神を生んだ時、みほと（陰部）を焼かれて苦悶し嘔吐物から生まれた神であるところから、鉱山と生物の枯死を防ぎ、清浄を保持する神とされている。

古来、金峯神社から青根ヶ峯までの一円の地域を、神霊の降臨された神聖な山として、金峯山は、比良山・比叡山・伊吹山・愛宕山・神峯山・葛木山とともに近畿の七高山の一つに数えられてきた。

『三代実録』によると、清和天皇の貞観元年(八五九)と同五年(八六四)の計二回、勅使や陰陽博士による虫害と悪疫除去のための祭礼が行われたと記載されている。

また、平安中期の仏教説話集『三宝絵詞』によると、東大寺大仏に塗るための金を求めて良弁僧正が金峯山に赴いて祈ったところ、蔵王権現が現れて「この山の金は我々の自由にはならぬもの、未来に弥勒が下生したあかつきに、大地に延べ敷くためのもので、我はそれを守護するのが役目である。」と拒んだが、「近江の国、滋賀の河辺に如意輪観音を安置して祈れば金が得られる」とも告げる。そこで良弁は石山に草庵を設けて如意輪観音を祀

金峯神社

り祈ったところ、陸奥国で日本最初の砂金が発見され、これが献上され東大寺大仏に金箔を塗ることができた。聖武天皇は大変喜び、七四九年、天平に感宝の二字を加えて天平感宝と改元された。大伴家持はこれを寿ぎ、「すめろぎの 御代さかえむと 東なる みちのく山に 黄金花さく」(『万葉集』巻十八―四〇九七)と詠んだ。

九世紀末には聖宝が、現在の修験ルートを拓き、青根ヶ峯と山上ヶ岳が結ばれたことによって、金峯神社の祭神は金峯総領の地主神となり「金精明神」と称されることになった。

大峯山寺(天川村洞川)の地下からは、純金製の阿弥陀如来坐像と菩薩坐像の二体の小仏が発掘されたが、金と金峯のかかわりも興味深いものがある。(富田)

世尊寺(大淀町)

吉野郡大淀町比曽にある曹洞宗の寺院。創建当時の名を吉野寺、その後、比曽(蘇)寺、現光寺、栗天奉寺とも呼ばれていた。鎌倉時代には東西に塔を配置する薬師寺式の伽藍を整え、東塔は用明天皇のために聖徳太子が、西塔は敏達天皇のために推古天皇が建てたと伝えられている。東塔は文禄三年(一五九四)、豊臣秀吉によって伏見城に移され、更に慶長六年(一六〇一)、徳川家康によって大津の三井寺に移築され、現在国の重要文化財になっている。

残されている瓦や伽藍配置などから、飛鳥時代（七世紀後半）には存在し、奈良時代から鎌倉時代まで、天皇や著名な僧侶が吉野への参詣の途中に訪れて大いに栄えたと言われている。江戸時代になって霊鷲山・世尊寺と改め、伽藍が復興され、今に至っている。山門には左甚五郎作と伝える「天の邪気」の彫刻が眺められ、中門をくぐると本堂・太子堂・十三重石塔・庫裏があり、本堂北側には芭蕉句碑・聖徳太子御手植えの檀上桜などがある。

寺の入口辺りには、桜をはじめ石楠花、バイカウツギ・ツツジが咲き乱れ、境内に入ると、花の木・大山蓮華・百日紅が、裏庭には立派な藤や、彼岸花も季節毎に咲き、まさしく訪れる人々の心を和ませてくれる花の寺である。本尊の阿弥陀如来坐像は、『日本書紀』欽明紀十四年条に「河内の国茅渟海中に浮かぶ樟木を見る。欽明天皇は画工に命じて仏像二躯を造らしめ、今、吉野寺に祀る放光樟像なり」と記されている。穏やかな表情をしているので「吉野の微笑仏」とも呼ばれている。木造十一面観音立像（奈良時代・奈良県指定文化財）は、推古天皇三年（五九五）、淡路島に香木・沈水香が流れ着き、天皇がその香木で観音像を造らせて、比曽寺に安置した様子が『聖徳太子伝暦』などに伝わっている。平成二十六年（二〇一四）、三〇〇年ぶりに修理、修復された。

太子堂は、聖徳太子を本尊として江戸時代中期に建立された建物で、奈良県指定文化財となっている。頭髪を「みずら」に結び右手に柄香炉を持った太子の孝養像が安置されている。建物の軒丸瓦には、後醍醐天皇から賜った寺名「栗天奉寺」の「栗」の字が残されている。

現光寺縁起絵巻（大淀町指定文化財）は、飛鳥時代の創建から、鎌倉時代の再興、後醍醐天皇の行幸までの当時の縁起が絵と詞書で記されている。上下二巻を合わせた長さは約十八・四㍍にも及ぶ。制作年代は十七世紀後半と推定され、当時の吉野の生活文化を知る手がかりとなる貴重な絵巻だ。ちょうどその頃、貞享五年（一六八八）、芭蕉は弟子の杜国を伴い当寺に参詣し、「世にさかる 花にも念佛 まうしけり」と詠じている。（鈴木）

世尊寺　本堂　本尊阿弥陀如来坐像

豊浦寺（明日香村）

欽明紀十三年条によると、この年、百済から釈迦仏の金銅仏や経論などがもたらされた。物部尾輿や中臣鎌子が反対したが、欽明天皇は試みに礼拝させるとしてこれらを大臣蘇我稲目に授け、稲目は、それらを拝領して小懇田の家に安置し、向原の家を清めて「寺」とした。これが日本で初めての本格的寺院・飛鳥寺や四天王寺が創建される以前の「寺」の初出である。

その後国内に疫病が流行し、これが神々の怒りとされ、仏像は難波の堀江に捨てられ、寺は焼かれてしまう。翌年、泉郡の茅渟の海中から照り輝く樟木が見つかったとの報告があり、この樟木を使い仏像二体が造られた。これが「今吉野寺の光を放つ樟の仏像」で、「今」とは『日本書紀』が編纂された八世紀の時代を指す。

欽明朝の頃、飛鳥の小懇田・向原といった甘樫丘一帯は蘇我氏の支配地であった。拡大する米作の拡大（墾田）に堰の水は大切なものだったが、その飛鳥寺と甘樫丘の間を流れる飛鳥川は、甘樫丘を迂回し大きく流れを変えている。飛鳥川と甘樫丘の裾に囲まれた里が豊浦である。

古来渕瀬が定まらない飛鳥川だが、この地点は灌漑の用水を引く豊浦井堰のあったところで、巨岩の露出する川床は太古からの不変の景色を思わせる。『万葉集』には、「ふるさと豊浦寺の尼の私房で宴する歌」として「明日香河　ゆきみる丘の　秋芽子は　今日ふる雨に　散りか過ぎなむ」（巻八―一五五七）、「神なびの　うちみのさきの　岩淵の　こもりてのみや　わが恋居らむ」（巻十一―二七一五）と記されている。

続く崇峻朝には、蘇我氏と物部氏の間で、仏教の受容をめぐって、抗争が起きる。乱に勝利した馬子政権下で仏教は大きく発展し、百済に受戒の法を学んだ善信尼は「桜井寺」に住んだ。桜井寺は向原にあったとされている。

豊浦寺（宮）跡

蘇我馬子に擁立された推古天皇は、小墾田の豊浦宮で即位し、磯城磐余から蘇我氏の本拠地である小墾田に都を移す。推古十一年（六〇三）、天皇は豊浦宮から小墾田宮に移り、その宮跡に豊浦寺が創建されたとみられている。付近の発掘調査では講堂跡、金堂跡が検出され、一部は保存公開されている。軸線が正方位の真北からやや西に振れる伽藍配置が想定されている。甘樫丘西麓の平吉《ひきち》遺跡からは豊浦寺と共通する瓦も検出されており関連施設と考えられている。また、寺院遺構の下層からは、宮跡とみられる遺構も見つかり、その場所にいま「推古天皇豊浦宮跡」の石碑が建てられている。蘇我本宗家が滅亡し、甘樫丘一帯の「宮門」は焼失したが、豊浦寺は持統朝の五大寺に挙げられるなど、依然として有力な寺院であった。

今「向原寺」は古代の法灯を受け継ぐ豊浦寺の名称で呼ばれ、親しまれていて、創建期の軒丸瓦を使用する本堂が豊浦の里に歴史を伝えている。(川井)

龍門寺跡(吉野町)

龍門岳(九〇四㍍)は、奈良盆地と吉野の境界に聳える美しいピラミッド形の山である。この山に源を発する嶽川は、中腹で優美な龍門の滝を作り、吉野川へと流れ込む。この滝を中心として山の中腹に創建されたのが、吉野郡屈指の古代山岳寺院・龍門寺だ。

龍門寺の開基は、興福寺の高僧であった義淵と伝えられ、塔の礎石と奈良時代の瓦などが出土している。平安時代の初期には伽藍が整備され、宇多上皇、藤原道長らも訪れたと記録されている。

義淵は、龍門寺以外にも龍蓋寺(明日香村・岡寺)や、龍峯寺(葛城市・加守廃寺か)など龍と名の付く山寺を創建している。天智天皇の孫で、壬申の乱で倒れた弘文天皇を父にもつ葛野王《かどのおう》は、龍門の地を訪れ、漢詩集『懐風藻』に一編の詩「龍門山に遊ぶ」を遺している。

—乗り物を用意させて、龍門の山水に遊んでいると、政治の煩わしさをすっかり忘れてしまった。中国の仙人王喬のように仙術を会得して、鶴に乗って仙人の住むという蓬瀛《ほうえい》に行きたいものだ。—

この詩からも、龍門はすでに中国の神仙の地になぞらえ、神々が住む神仙境として崇められていたようで、一帯には、久米仙人が修行した窟など、神仙思想になぞらえた伝承が多く残っている。

都の貴族たちにとって、世俗を離れた龍門の地がいかに憧れの場所であったかがわかる。

龍門の滝

ところで、寺域内の「ロッカクオ」と呼ばれる地点で奈良時代の布目瓦が出土したことは注目されている。この瓦は、五條市北部の荒坂窯（王権とかかわりの深い川原寺の瓦を数多く焼いた窯）で焼かれたとされているのだが、龍門寺が奈良時代前半、興福寺の末寺として官寺的な性格を帯びていたこと、王権とつながりが深い宇智野の瓦が選ばれた理由とは何だったのだろうか。「龍門の詩」を詠んだ葛野王は、器量が大きく政界にも存在感を示したといわれるが、三十七歳前後でこの世を去っている。龍蓋寺が草壁皇子の、そして龍峯寺が大津皇子の菩提を弔うために義淵が創建したと伝えられることから、この龍門寺も、葛野王の菩提を弔うために義淵によって創建されたのではないだろうか。そう考えると奈良時代に官寺的な扱いを受けたこと、王権ゆかりの宇智野の瓦が選ばれたことも納得できる。

ロッカクオの由来が六角堂とすれば、多角形の霊所（菩提をとむらう鎮魂の場所）が皇族クラスの墓やお堂に採用されていることから、龍門寺にもかつて加守廃寺のような「六角堂」の瓦葺建物が建っていたと想定できる。

隆盛を極めた寺も、室町時代には衰微し所々に往時の痕跡が残るのみだ。

「龍門の　花や上戸の　土産《つと》にせん」

これは芭蕉が吉野山への花見の途中、龍門の滝を訪ね、詠んだ句だ。中国の黄河上流に激流が連なった龍門と呼ばれる難所があり、そこを登りきった鯉は竜になれるという登竜門伝説があるが、同じ龍門という滝があると聞いて、芭蕉がどうしても訪れたかった場所だという。

現在、滝を中心とした寺域の一部は「森林セラピーロード」として整備され、散策を楽しむことができる。（宇田）

金峯山寺（吉野町）

役行者を開基とする金峯山寺は、山号を国軸山といい、修験道の根本道場である。本堂の蔵王堂（国宝）は、豊臣秀吉や弟の大和大納言・秀長の支援を得て天正二十年（一五九二）に再建された。

幅は約三十六㍍、奥行きは約三十八㍍、高さ約三十四㍍で、二階建てのように見えるが、裳階《もこし》付の入母屋造、檜皮葺《ひわだ》だ。古代の木造建造物としては世界最大の東大寺大仏殿に次ぐ大きさ、檜皮葺の建造物としては国内最大とされている。

金峯山寺蔵王堂

外観は安土桃山文化を反映して豪壮かつ優美であり、上層の組み物は、柱を四段に組む多宝塔様式で、均整のとれた重厚な屋根を支え、正面中央に花肘木と双斗蟇股を用いて、華やかな外観を形作っている。裳階正面中央の透かし彫りの本蟇股は輪郭、薄肉彫の彫刻など桃山期の特色である。

堂内の柱六十八本は、自然木を若干加工した程度で、太さも一様ではない。樹種は松、杉、桧、欅《けやき》をはじめ、珍しい梨、ツツジも含まれる。林立する自然木の太い柱が力強さを感じさせる堂内は、山岳修験の根本道場の厳しい雰囲気を漂わせている。

蔵王堂は平成十六年（二〇〇四）、仁王門（国宝）とともに世界文化遺産に登録された。内陣の須弥壇上の巨大な厨子には、秘仏で高さ六～七㍍の三体の本尊・木造蔵王権現立像（重要文化財）が安置されている。

毎年七月七日には、この金峯山寺を舞台に蓮華会（蛙飛び行事）が行われる（奈良県指定無形民俗文化財）。蓮華会は、役行者が産湯を浸かったと伝わる弁天池（大和高田市奥田）の蓮を蔵王権現に献じる法会で、蓮取り船に乗っておごそかに蓮切が行われる。奥田から蓮華を入れた蓮華桶が蔵王堂に着くと、堂内で吉野一山の僧侶により法要が厳修され、この法要が終ると太鼓台に乗って来た大青蛙が、堂外正面に現れ、蛙飛びの作法がはじまる。

正面に大導師、その両側に向かいあって二人の脇師が座を占め、まず脇師が珠数を持って蛙を呼ぶ。蛙は一度中央に進んでから右の脇師の前に進み、そこで呪文を授かり続いて左の脇師の前に進み呪文を授かる。脇師の辞がすむと大導師の前に飛びすすみ、そこでさらに呪文と懺悔文を授かり、これで蛙が人間に戻る。

この蛙飛びの行事の由来は、「高慢で神仏をあなどっていたある男が蔵王権現や仏法をそしる暴言を吐いたところ、大鷲に連れ去られ断崖絶壁の上に置き去りにされ、高慢な男も後悔する。通り合わせた金峯山の高僧が憐れに思い、蛙の姿に変えて救い、金峯山寺蔵王堂で、一山僧侶の読経の功徳により、元の姿に戻された。」というものだ。蛙飛び行事は一種の「験競べ」の作法と思われる。修験者は山岳に入って「人を救う」ための「験力」を得るために厳しい修行をするが、蛙飛び行事は修験道の象徴的な行事であるといえよう。(富田)

鳳閣寺(黒滝村)

鳳閣寺は吉野山の南、黒滝村の百貝岳の中腹にある真言宗鳳閣寺派の本山。もとは真言宗醍醐派だったが、戦後、真言宗鳳閣寺派の本山として独立。役行者が創建し、寛平七年(八九五)に理源大師・聖宝が真言院を建てたといわれている。

寺伝によれば、役行者が大峰山を開いて蔵王権現を感得し、修験の道場として全国の山伏の信仰を集める霊域となったが、役行者の没後およそ二〇〇年たって大峰山の信仰も次第に衰微し、しかも毒竜が道を塞ぐに至って修験者も途絶え、さしもの霊場も名ばかりの存在となっている。

清和天皇から、毒竜降伏《ごうぶく》の勅命を受けた理源大師聖宝は、大峰山再興のため降魔の剣を帯び、奈良に於いて壮士を募った。修験道の先達であった箱屋勘兵衛も参加して理源大師と苦難を共にした。

毒竜を誘い出すため、勘兵衛が法螺貝を吹くと、その音は峰々に響き渡り、まるで百の法螺貝が一度に吹かれたかのような大きな音を立てた。誘い出された毒竜を大師が大法力をもって呪縛し、勘兵衛がそれを二つに斬り退治した。これにより山の名も百貝岳と呼ばれるようになった。毒竜の降伏後、大峯山頂を極め道場復旧の目的を果たした大師は、初行の地、鳥住鳳閣寺に戻り、理源大師聖宝と後世の当山派大本山鳳閣寺との因縁が結ばれたのである。

　ところで、箱屋勘兵衛が奈良から鳳閣寺の大師のもとへ通うときは、いつも大師の好物である餅や飯《いい》などを持参した。大師は勘兵衛のことを戯れに「餅飯殿《もちいどの》」と呼んだ。以降、勘兵衛の住んでいた奈良町の一角も餅飯殿と呼ばれるようになったといわれている。百貝岳の中腹、鳳閣寺の所有地に理源大師の廟塔があり、その横に箱屋勘兵衛の墓がある。

　聖宝の廟塔と伝える総高二一六八センチの石塔（重要文化財）は、本堂の境内から約一キロ急坂を登った森の中にひっ

理源大師廟塔

そりと佇んでいる。台座の格狭間《ごうざま》の刻銘から、正平二十四年（一三六九）、薩摩権守行長《さつまごんのかみゆきなが》により造られたことが判る。宋人の石工・伊行末の系統で、南北朝期の名匠として知られている。

廟塔は花崗岩製で、相輪・笠・塔身・受坐・亀趺《きふ》・台座からなり、亀趺は方座から亀の頭部と前足を出した珍しい形である。塔身は一石円筒形で、四隅に方形柱形を刻み、扉部など細部に至るまでこの時期の木製廟塔の特徴を極めて精巧に摸したもので、相輪から基礎の台座まで造立当初の姿をとどめており、当時の廟塔の建築様式を知るうえでも貴重なものとなっている。

廟塔が造立された時、金品を寄進した僧侶の数は一八〇二三人にも及び、修験道の中興の祖といわれる理源大師に対する篤い信仰が偲ばれる。（富田）

龍泉寺（天川村）

下市口駅から国道三〇九号線を南下し、「道の駅吉野路・黒滝」を通り、天川川合の交差点で左折。国道から県道へ入れば天川村洞川に至る。

洞川は、現在では大峯山への主要な登山口となっているが、室町時代末頃から山伏の大峯山山上ヶ岳への参拝拠点となり、江戸時代にはさらに一般庶民の山上詣が盛んになり発展した。かなり大きい集落で、旅館、商店、温泉のほか見どころが多いのだが、ここでは、その集落の中ほどにある龍泉寺を訪ねてみる。

今からおおよそ一三〇〇年前、役行者（役小角）が修行中に泉を発見し、八大龍王を祀り、大峯修行者の安全を祈願したのがこの寺院の始まりといわれている。その後、大峯中興の祖とされる聖宝が修験の秘法をおこなった場所とされている。

寺の歴史は、洞川と同様に、開創から現在に至るまで、大峯山や修験道と密接な関係にあり、江戸時代中期には本山・当山両派の行場となっていたが、現在は真言宗醍醐派の大本山となっており、洞川のほぼ全戸の檀那寺でもある。

この寺院の大きな特徴が「湧水」。境内の中心付近か

龍泉寺の水垢離行場

ら東部分にかけて、「龍の口」から湧き出る水垢離の行場や龍王の滝による滝行の行場があり、大峯山中の数ある行場のなかでも唯一の水行場となっている。盛夏の時期でもその水は冷たく、心気を一新させられる感がある。また、境内の東部分には心字池もある。

もともと境内には、多くの堂宇があったが、昭和二十一年（一九四六）の洞川大火でほとんどが全焼してしまった。

しかし、昭和二十四年（一九四九）に彦根城内にあった大正天皇の行在所を移築して客殿とし、昭和三十五年（一九六〇）には本堂も再建された。

それまでは女人禁制のため、女性は龍泉寺境内に立ち入れなかったのだが、このときに禁制が解かれ、現在はいつも多くの男女が参拝に訪れている。

なお、洞川での女人結界は、元々お寺から東方へ約二キロ行ったところにある母公堂であったが、昭和四十五年（一九七〇）、さらに一・四キロ東方にある清浄大橋の女人結界門に移され、現在に至っている。

また、龍泉寺には古い木彫仏も存在する。八大龍王堂内にある宝冠を付けた天部形立像（十一世紀）と、持物・邪鬼から増長天と思われる天部形立像（十二世紀。降参ポーズ?の可愛らしい邪鬼が足で踏まれている）がそれだ。これら尊像の来歴については、初めからこの龍泉寺にあったものか、もとは他の寺院にあったものかわからない。

ここ洞川もそうだが天川村の集落は、古い仏像や制作年代不詳の彫像が残されているところが多いようだ。栃尾集落の円空仏は有名であるが、まだあまり知られていない尊像も多く、今後の研究が期待される。（繁田）

大峯山寺（天川村）

大峯山寺は大峯修験道の根本道場で、本堂に隣接して、蔵王権現の湧出伝承をもつ盤石がある。寺伝によると天智天皇の時代、役行者が金峰山を開いて千日の仏道修行をし、乱れた世に現れる魔物を降伏する尊像の出現を祈ったところ、まず釈迦が現れ、続いて千手観音、弥勒が現れた。しかし、いずれも悪世の人々を教化するには適当でないと退け、改めて祈ると盤石から青黒い憤怒相の「金剛蔵王」が湧出した、といわれている。

蔵王権現が金峰山（山上ヶ岳）に湧出した、という説は、すくなくとも十一世紀までさかのぼることができる。

また、先に現れた釈迦・観音・弥勒は、それぞれ過去・現在・未来の三世の仏であり、最後に現れた蔵王権現はその三仏を本地とし、それらを一身に具現している。

承平七年（九三七）の『聖宝僧正伝』には、醍醐寺の開山であり、修験中興の祖とも仰がれる聖宝が、金峯山に堂塔を建立し、「如意輪観音」と「多聞天」「金剛蔵王菩薩」を造立したことが記されているが、これは史実と考えられる。

ここで記す「金剛蔵王菩薩」は、多聞天とともに如意輪観音の脇侍ないし守護尊として造立されたものと考えられる。

その後、藤原道長の足跡をたどって、寛治四年（一〇九〇）、孫の藤原師通が山上ヶ岳まで金峯山詣を行った際、蔵王権現の「御在所」において埋経を済ませた後、「蔵王大石」を参拝したという記事が『後二条師通記』

大峯山寺

山上ヶ岳の湧出岩

に見ることができる。

この「蔵王大石」こそ、蔵王権現が湧出した盤石と考えられる。

師通が御在所で拝したものが、歴史的由緒のある蔵王権現像とともに「蔵王大石」であったことに、蔵王権現伝説の神秘性を感じることができ、この大石は今でも、山頂の「お花畑」で大切に守られている。

なお、昭和五十九年（一九八四）の大峯山寺外陣・内陣の改修工事に伴い、本堂の地下を発掘したところ、日本最古の純金製阿弥陀如来坐像と純金製菩薩坐像の二体の金の仏像（重要文化財）が発掘された。

おおむね十一世紀頃の奉納品とみられるが、見つかった金仏は聖宝の時代にさかのぼるとみる見解もある。（富田）

第2節 大峯奥駈紀行

私のふる里は、吉野町上市だ。旧上市小学校の校歌の出だしは「金峯の峯は雲を吐き、吉野の流れ岩を噛む……」だった。また近鉄吉野線の大和上市駅から南を眺めると、金峯山寺の蔵王堂の屋根がハッキリと望める。そういう環境に育ちながら、何故か「大峯奥駈道」を歩いたことはなかった。山歩きを趣味にして、北アルプスや、南アルプスを歩いているにも拘らずだ。まあ、いつでもいけると思っていたからだろう。

奈良まほろばソムリエの会合でSさんと話をしていた時、一度「大峯奥駈」を二人でやってみようということになり、平成二十六年(二〇一四)秋に実行した。

「大峯奥駈道」について

修験道や役行者、聖宝(八三二~九〇九)については、本文の第2章に詳しく述べられているため、ここでは「大峯奥駈道」の概略だけを記しておく。

奥駈と順峯・逆峯

吉野山あるいは洞川から、山上ヶ岳に登拝することを「山上参り」と呼び、山上ヶ岳から大峰山脈をへて熊野まで縦走しながら修行することを、「奥駈（奥通り・峰入り）」と呼ぶ。当山派の山伏の場合、「小篠の宿」（後出）が奥駈の開始地点だ。現在は、六田の「柳の渡し」から奥駈を出発する場合には、吉野から山上ヶ岳までの道程を含めて奥駈あるいは奥駈道と呼ぶ。なお熊野から吉野へ向けて行う奥駈を順峯《じゅんぶ》、吉野から熊野へ歩く奥駈を逆峯《ぎゃくぶ》という。

今回のルート（踏破記録）

今回のルートは、平成二十六年（二〇一四）九月十一日から九月十四日まで三泊四日の行程だ。一日目は近鉄下市口駅からバスで洞川に行き、登山を開始して山上ヶ岳泊。二日目は弥山小屋泊。三泊目は前鬼泊で四日目に前鬼裏行場を経て、近鉄大和上市駅に帰着と決定。

本来は、「逆峯」の柳の渡しから吉野山経由で山上ヶ岳に至り、北奥駈道を南下し、前鬼から奥駈道沿いの「太古の辻」に戻り、熊野本宮大社を目指す南奥駈道を完全踏破すべきだが、南奥駈道は時間の問題とコースがかなり荒れていて、一般的ではないため、今回は北奥駈道だけを歩き、前鬼裏行場を経て、国道一六九号に出て、前鬼口からバスで大和上市駅に帰ることにした。

◎一日目（九月十一日）

洞川～山上ヶ岳、約十キロ

九時二十分。近鉄下市口駅からバスに乗って洞川に入り、十一時三十分頃、洞川バスセンターから歩き始め、ゴロゴロ水で喉を潤し、母公堂（旧女人結界）の前を通り、清浄大橋へ。女人結界門は現在ここにある。

十二時三十分頃、結界門からひたすら整備された道を登っていくと、吉野山からの奥駈道と合流する洞辻茶屋（浄心門）に十五時前に着き、小休憩。

その後、油こぼしや西の覗を越え、宿泊所の龍泉寺宿坊に十六時頃到着。

宿坊は、九月二十三日の大峯山寺の戸閉が近いこともあって、宿泊客は十人にも満たず、閑散としていて、夜は寒くて布団を何枚も重ねて寝ていた。

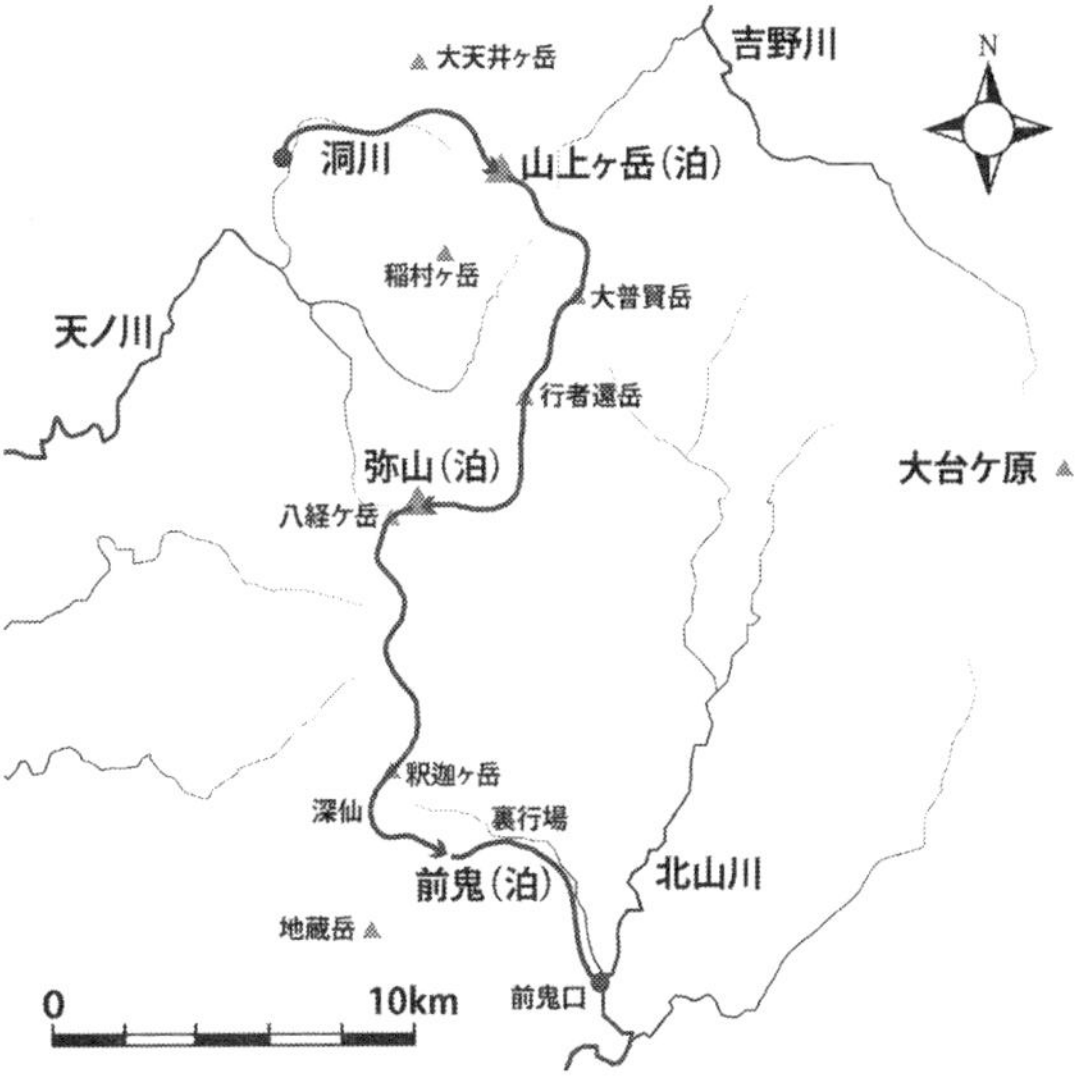

奥駈・踏破ルート

足がすくむ、山上ヶ岳・西の覗き

◎2日目（九月十二日）

山上ヶ岳〜弥山小屋、約十六キロ。

早朝、宿坊の前から日の出のご来光を拝することができた。六時に龍泉寺宿坊を出発し、間もなく大峯山寺に到着し参拝を終え「小篠《おざさ》の宿」を目指して出発し、七時頃「小篠の宿」到着。真言宗醍醐派（当山派修験）の本拠地だったところで、かつては三十六の坊舎があったが、現在は二坪ほどの本堂と柴燈護摩道場があるのみだ。なお、「宿」とは本来修行者用の宿所や堂舎などの建物がある霊地・行所のことをいう。

阿弥陀森（女人結界門がある）を通過して大普賢岳（一七七九メートル）到着。展望は良好。大普賢岳を通過して、薩摩ころげの難所や、稚児泊、七曜岳を越えて、行者還《ぎょうじゃがえり》の拝所を通過。

ありがたきご来光（山上ヶ岳・龍泉寺宿坊前から）

やっとのことで、弥山の山麓にある講婆世宿に到着。ここは別名聖宝宿ともいい、真言系の修験道（当山派）の本拠として名高い醍醐寺を開いた理源大師聖宝の銅像が祀られている。昔からこの像に触れると雨が降るとの言い伝えがある。

講婆世宿から聖宝八丁といわれる険しい坂を登り、十六時半頃に弥山小屋に到着。宿泊客は約二〇名ほど。その夜のビールは格別だった。

◎三日目（九月十三日）

弥山小屋～前鬼小仲坊、約十三キロ

残念なことに、体調を崩したSさんとは弥山小屋で別れ、本日からあと二日間は一人旅。六時に弥山小屋を出発。弥山頂上の弥山神社にお参りして、奥駈道を八経ヶ

霧けぶる理源大師聖宝の銅像

岳に向かって歩いた。

六時三十分、八経ヶ岳（一九一五㍍、近畿最高峰）頂上到着。三六〇度の大展望。

八経ヶ岳から明星ヶ岳、七面山遥拝、楊子の宿、仏生ヶ岳、孔雀ヶ岳を順調に越えていく。その先を少し行くと鞍部（馬の鞍のように中央部が低くなっている場所）があり、両部（両峯）分けに至る。岩壁に裂け目があり、この裂け目を境に、吉野からここまでを金剛界、これより先の熊野までを胎蔵界に見立てる。ここから釈迦ヶ岳まではかなりハード。

鎖と直登を一時間以上かけてクリアし、釈迦ヶ岳（一八〇〇㍍）の頂上に到着。丁度十二時過ぎになった。

頂上には、五㍍あまりの大釈迦銅像が立っている（大正十三年建立）。当時、強力《ごうりき》の岡田雅行（一八八六—

釈迦の銅像（釈迦ヶ岳頂上）

一九七〇)が担ぎあげたという。その後長年の風雨で像自体が傾いたが、平成十九年(二〇〇七)に全国各地の寺院の協力で修復された。ここまで無事に来られたことに感謝をして手を合わせた。

釈迦ヶ岳から先は、深仙《じんぜん》宿まで一気に下る。ここは胎蔵界の中心部に位置する「中台八葉」にあたるとされ、本山修験派の根本道場だった。深仙灌頂が行われてきたので、深仙宿と名付けられたそうだ。

深仙宿から下っていくと、太古の辻に至る。ここから奥駈道は分岐し、前鬼に下る道が繋がっている。歴史的には明治元年(一八六八)の「神仏分離」と明治五年(一八七二)の「修験道廃止令」の布告に影響され、奥駈修行は断絶した。明治中期に吉野山からの奥駈修行が再開されて、太古の辻から前鬼に下ることが一般的に

太古の辻

なり南奥駈道は荒れ放題になった。

この先は、昭和五十九年（一九八四）から「新宮山彦ぐるーぷ」が道開きの奉仕活動を始めているが、まだまだ一般的なコースではない。私も前鬼宿に向かってひたすら下っていった。

前鬼宿は標高八〇〇㍍あり、釈迦ヶ岳（一八〇〇㍍）からの下りは一〇〇〇㍍ある。約一時間三〇分かけて十五時四〇分、前鬼宿小仲坊《おなかぼう》に無事到着。お風呂に浸かりホッとした。本日の宿泊客は十五名。明日から山上ヶ岳を目指す人はかなりの緊張気味だった。小仲坊第六十一代目の五鬼助義之氏も交えて情報交換後、九時消灯。ぐっすり眠りについた。

前鬼宿について

白鳳年間、生駒山に幽居していた前鬼（義覚）・後鬼（義賢）の夫婦が役行者の従者となり、その夫婦と五人の子ら（五鬼衆）の住み着いたのが前鬼の集落。前鬼の五鬼衆は、役行者の遺法を護る修験者として釈迦ヶ岳山頂の釈迦堂を本堂とし、深仙宿の諸仏堂・大日岳・三重滝・両界窟などをその境内の行所と考え維持・管理を行っていた。

また、奥駈や裏行場で修行する山伏・行者に宿坊を提供していたという。修行者にとっての「一種の

前鬼・後鬼の五人の子ら（五鬼衆）の名と宿坊の屋号

義達（五鬼助 ごきじょ）	小仲坊（唯一現存）
義継（五鬼継 ごきつぐ）	森本坊（昭和41年まで）
義上（五鬼上 ごきじょう）	中之坊（明治12年まで）
義元（五鬼童 ごきどう）	不動坊（明治32年まで）
真義（五鬼熊 ごきぐま）	行者坊（明治30年まで）

修験道教義・作法の勉学の場」であったそうだ。

◎四日目（九月十四日）

前鬼宿～前鬼裏行場～前鬼口バス停、約十五キロ

六時に前鬼宿の小仲坊を出発して、本日のハイライト、前鬼三重滝《ぜんきみがさねのたき》に向かって出発。クマよけの鈴は必携と言われた。

前鬼三重滝は馬頭の滝・千手の滝・不動の滝の三連瀑からなり「密行所」と呼ばれる前鬼の裏行場（小仲坊から往復約五キロ・四時間）だ。小仲坊の本坊から山腹の細い道を約一時間歩くと前鬼ブルーの青く澄んだ美しい渕「垢離取場《こりとりば》」に到着（行者さんは首まで浸って心身の浄化を祈る）。

対岸に渡り、約三〇分歩き岩場を降りると「千手の滝」に着いた。「両界窟」と呼ばれる「胎蔵界の窟」「金剛界の窟」の修行場を越えると、「屏風の横駈《よこがけ》」を進んでいく。

幅約四十センチの絶壁の細道で、絶壁は数十メートルあり、高度感は半端ではなく、距

離は約二十㍍ほどだが、落ちたら一巻の終わりだ。慎重に越えた。

次に「天の二十八宿」に到着。ここは、約二十㍍の垂直に近い絶壁を登り「馬頭の滝」に至る行場だが、新しい鎖と古い鎖が混在していることと、単独行で落ちたらアウトなので、残念ながらここでギブアップして引き返した。鎖の下に掛かっていた鉄札には弘化三年（一八四六）の銘が読め、「不動坊　細工人中村治助　嘉納治兵衛　同新造」の字も読めた。

前鬼裏行場は完歩できず、消化不良の気分で「三重の滝」から前鬼小仲坊に戻った。裏行場は非常に厳しく、やはり先達の必要性を感じた。不慣れな行場の単独行は危険で、再チャレンジの折は信頼できる先達に案内をお願いするつもりだ。

前鬼宿の行者堂

前鬼宿まで戻り、国道一六九号の前鬼口まで約十キロを十四時五八分発のバスに間に合うようにしっかり歩いた。途中、見事な「不動七重の滝」にも立ち寄ることができた（往復約一時間）が、梯子と階段の上り下りで疲れきった体にはきつく感じられた。

十四時三十分頃、前鬼口バス停に到着。バス停でバスを待っていたら、プリウスがすっと目の前に停まった。なんと御所市に帰る人が声を掛けてくれたのだ。大和上市駅まで送って頂いた。最後まで運がよった。感謝。

大峯奥駈道を歩いた感想

行程はややハードだったが、山歩き自体は十分に楽しめた。

奥深い霊山に抱かれて、霊所・行場を通過する時に、心

前鬼の垢離取り場

のなかに充実感を味わうことができたのが何よりの思い出だ。

　この奥駈道は世界に誇れる古道であり、平成十六年（二〇〇四）にユネスコ世界遺産の「紀伊山地の霊場と参詣道」に登録された、一番コアな部分なので、今後も大切に守っていかねばならないと思う。

　また機会があれば、ふるさとの古道を歩きに帰ってきたいと思う。（亀田）

不動七重の滝

第3節 古代吉野・探索ノート

学問というものは理詰めのなかにも、現地で得られる、ある種の気づき（インスピレーション）や原体験が潜んでいる。

同志社大学の大学院に入った一九九八年の四月、指導教官の森浩一教授（当時）に呼び出されて研究室への階段を上がると、所狭しと本に囲まれた森浩一が手に持っているのは、小さな箱にキラキラした薄べったい鉱物。当然、何ですか、と問う。曰く「きれいやろ。雲母や」。目に焼きついた。

これが、その後のぼくの研究を決した原体験だ。この雲母は、大阪府堺市見野山にあった湯山古墳から出土したもの。森浩一が土取り工事で破壊される湯山古墳から救いだした遺物のひとつだ。

それは、森浩一とぼくを含めた数名の研究者によって資料化され世に出された（「湯山古墳の遺物」『古代学研究』一五〇号 二〇〇〇年）。森浩一はこの雲母が、泉州と桜井市三輪という二つの地域をつなぐ歴史を掘り起こすきっかけになると確信していた。それは、『日本書紀』に記された大神神社と三輪山祭祀の起源譚といってよい、茅渟県陶邑でみいだされた三輪氏の祖・オオタタネコ伝承だった。

森浩一から託されたこの研究テーマから、ぼくが〈三輪山三部作〉と呼んでいる論文「茅渟県陶邑再考（二〇〇四年）』『王権のカンナビ（二〇一三年）』『茅渟と三輪（二〇一七年）』を世に送り出した。その間、二〇〇五年七月から吉野の大淀町に奉職し今に至っている。

この三輪山とは何か、という問題意識を胸にふと出会ったのが宮滝遺跡（吉野宮）をめぐる解釈だ。二〇一〇年ごろの話。友人で郷土史家の山本昭緒さんと宮滝遺跡を見下ろす小高い丘のベンチにすわり、「そういえば、宮滝遺跡ではこのはるか南にちょこんと見える青根ヶ峯を仰ぎ見る水の祭祀がおこなわれたというけれど、遠くの青根ヶ峯より目の前の象山のほうが意味ありそうだけどなあ」というような会話をしていて、そのとき、その巨大古墳のような象山に「三輪山」の原像が見えたのだ。このことは『王権のカンナビ』でも詳述したが、本書の第一章はこの第二の原体験がベースになっている。

ちなみに、山本昭緒さんは本書でも登場した宮坂敏和さんの次男。遺筆となった『吉野一隅（二〇一三年）』に父ゆずりの洒脱な歴史的考察が書かれている。

今ぼくは、二〇一八年に奈良女子大学内に設けられた「大和紀伊半島学研究所」の協力研究員という肩書をもっているが、そのきっかけは、二〇一六年十一月に大淀町でおこなわれた「吉野宮の原像を探る」というシンポジウム。同大学の副学長・小路田泰直さんの提案で開催されたものだ。

ある日の夕方、灯がともり始めた世尊寺で佇んでいると、ふと飛鳥から吉野に入ったという「僧形の皇子」たちのイメージが飛び込んできた。

そういえば、初期仏教を背景にした吉野古代史を語るとき、『日本書紀』に登場する「吉野寺」や蘇我氏や王権との関連は無視できないものだ。それに新たな視点を加えて「僧形の皇子たち(二〇一六年)」の一文にまとめた。本書の第一章の後半部分に収録されている。このシンポジウム以降、「紀伊半島学」というテーマがぼくのアイデンティティを支えている。

空海との出会いは、二〇一四年の七月、吉野の世界遺産登録一〇周年の節目のことだ。当時天川村役場にいた阪岡悌さんに誘われるまま、天川村を案内してもらった折、高野山と吉野・大峯を結ぶ街道「すずかけの道」に興味を持った。

以後、この道沿いに遺された地域遺産を訪ねて天川行きを繰り返すなかで、空海が吉野の仏教史でもキーになる人物だと気付いた。そのエッセンス「吉野と空海(二〇一八年)」を、本書の第二章に再録している。

本書はその意味で、二〇一四年から継続してきた「古代吉野を見直す会」の総決算でもあり、ぼく自身が吉野で体験してきた古代学の総括でもある。

編集者の富田良一さんは、吉野でほぼ絶滅危惧種となっている「郷土史家」と呼べる人。本書の全体の構想は富田さんの考え方に拠っているが、その底流に流れているのは、宮坂敏和さんや、その薫陶をうけた桐井雅行さんにつらなる、吉野の郷土史家たちの系譜だ。

富田さんは宮坂説を継承しつつも独自の視点で、宮坂さんが成しえなかった地元民の信仰と王権の神祇政策の融合、そして仏教(および密教)が絡まり合って修験道が誕生するストーリーを完成させた。これは、現時点で到達しうる吉野古代史の金字塔といってよいのではないだろうか。

また、本書のユニークさは、富田さんの郷土史研究に共感をもった奈良まほろばソムリエの会有志による寄稿だということ。本の上での知識や解釈だけでなく、ゆかりの地が今も残されている吉野だからこそ、吉野古代史はより魅力的な輝きを放つのだろう。

ぼくがもっとも心をゆさぶられた第三の原体験は、本書

夕暮れの世尊寺

の第三章に述べられている「高見山の源泉」だ。

眼が醒めるような真っ赤な大地から、こんこんと湧く温泉（炭酸塩泉）を見つめながら「これこそ丹生」、という思いを強くしたのを覚えている。

この炭酸塩泉と、丹生川上神社の祭神・ニウツヒメが関連しているという持論は、本書の第一章でふれているが、さらにこれが「丹生都比売」やそれを守護神として高野山を開創した空海とも関連してくるのでは、との考えを小文にしたことがある（「水分信仰の源泉をもとめて（二〇一五年）」。

これは、本書でもふれた吉野川の潮生渕の「シオ」を炭酸塩泉と看破した池田淳さんの論考や、丹生川上神社上社の旧社地（宮の平遺跡）で、かつて入之波温泉のような炭酸塩泉が湧いていたという地元の伝承に触発されて書いたのだが、今でも有効な視点だと思っている。

みなさんが、古代の視点で吉野を探索する手がかりになれば幸いである。（松田）

編集後記

私事だが、何故か前々から、「山桜と南朝」への憧憬があり、昭和五十九年（一九八四）、堺から吉野に転居した。

平成十五年（二〇〇三）の退職と時を同じくして、翌十六年（二〇〇四）、吉野が世界遺産「紀伊山地の霊場と参詣道」に登録されることもあって、吉野町観光ボランティアガイドの募集があった。退職して、今後どうするか考えていた時でもあり、ガイドは未経験な世界だったが、思い切って応募したのが始まりだ。気づけば、既に十六年が経過していた。

加入時には、郷土史家の故桐井雅行先生や、当時吉野町観光課在籍で、世界遺産登録やガイド創設に活躍されていた田中敏雄先生のご指導を受けた。

その後、しばらく吉野町観光ボランティアガイドとして大勢の観光客のガイドをし、お客様との「ふれあいの喜び」を実感し、充実したガイド活動を体験することが出来た。元吉野歴史資料館館長の池田淳先生の「ヒストリートーク」（吉野歴史資料館）には三年程お世話になり、吉野の知見を深めることができた。また、現総本山金峯山寺渉外室長の田中岳良師からは修験道修行の厳しさを、田中利典先生

（現総本山金峯山寺長臈）からは修験道の多様性を、数多くの講座を通じて教えていただいた。

奈良まほろばソムリエの会の活動では、奈良全体の広い知識が習得でき、広いエリアでのガイド活動も全てが新鮮で充実したものだった。

活動を続けながら、やがて地元に目を向ける必要を感じ、ご縁を得て新進気鋭の考古学・歴史学者でもある松田度先生を顧問・講師にお迎えし、平成二十六年（二〇一四）、ソムリエの会有志で「吉野見直しの会」を立ち上げ、屋内学習と現地研修の両面から吉野の歴史を深く見直す活動を始めた。

当会の活動を通し、わたしたちは吉野の歴史を、今までの観光ガイド的思考を離れて、学術的視点（文献・考古学）から深く掘り下げて考えることができるようになった。その結果、三年間の活動を終えた段階で、多くの吉野古代史の疑問点がまだ解明されていないことが分かった。

そこで、目標を据え直して「古代吉野を見直す会」を発足させ、この機会に、地元の郷土史家・故宮坂敏和先生をはじめ、池田淳先生、首藤善樹先生の学説や、中東洋行先生による宮滝遺跡の発掘調査報告、田中岳良師の修験道の講義等を参考にさせていただき、吉野古代史の疑問点を明らかにすることを目的に、六年間の活動の成果を当会会員で一冊の本にまとめたのが本書となる。

また、吉野研究の指導者でもある奈良芸術短期大学教授の前園實知雄先生には、本書によせて玉稿を賜り、巻頭に掲載させていただくことになった。この場を借りて厚く御礼申し上げる。

この小冊子が、吉野の古代史に興味を持たれるみなさんの一助となれば、編集者として嬉しく思う。

（富田）

執筆者

執筆者一覧（第3章）NPO法人奈良まほろばソムリエの会 会員

執筆者	執筆文の題名	所属
宇田光美	大名持神社と大汝詣り 龍門寺	※ガイドグループ
沖田拓司	高見山	※記紀万葉グループ
亀田幸英	高見山源泉 丹生川上神社（中社） 大峯奥駈紀行	※保存継承グループ
川井祐司	大和神社 豊浦寺	桜井市 観光ボランティアガイド
繁田泰樹	赤岩渓谷 丹生川上神社（下社） 丹生都比売神社 龍泉寺	
鈴木和子	宮滝遺跡とその周辺 世尊寺	※記紀万葉グループ
富田良一	金峯神社 金峯山寺 鳳閣寺 大峯山寺	※記紀万葉グループ
中瀬道美	大神神社	※記紀万葉グループ
前田景子	浄見原神社と国栖奏	※ガイドグループ
道﨑美幸	入之波温泉 岡峯古墳 越部古墳 丹生川上神社（上社） 吉野水分神社	※女性グループ （ソムリエンヌ）

※はNPO法人奈良まほろばソムリエの会のグループ名

「古代吉野を見直す会」の活動履歴

日時	場所	大テーマ	テーマ
20140209	大淀町中央公民館	吉野を見直す会1	総論
20140309	大淀町中央公民館	吉野を見直す会2	記紀と吉野
20140413	大淀町中央公民館	吉野を見直す会3	古代吉野の神と仏　その1　神社
20140511	大淀町中央公民館	吉野を見直す会4	古代吉野の神と仏　その2　寺院
20140608	大淀町中央公民館	吉野を見直す会5	修験道の成立
20140713	大淀町中央公民館	吉野を見直す会6	まとめ「吉野見直し論」意見交換会
20140913	大淀町・吉野町	吉野を見直す現地見学1	原吉野を探る
20141005	下市・五條方面	吉野を見直す現地見学2	丹生と宇智の古代史
20141025	龍門方面	吉野を見直す現地見学3	龍門の古代史
20141109	川上方面	吉野を見直す現地見学4	川上村の古代史　龍神の聖地へ
20141214	東吉野方面	吉野を見直す現地見学5	東吉野の古代史
20150118	吉野山	吉野を見直す現地見学6	吉野山の古代史
20150207	下市・大淀	吉野を見直す現地見学7	吉野の古墳を歩く
20150308	飛鳥・吉野	吉野を見直す現地見学8	妹峠・古代史の道
20150425	吉野山奥千本	吉野を見直す現地見学9	吉野山の古代史2
20150510	下市・黒滝・天川	吉野を見直す現地見学10	丹生の川上・古代の奥吉野
20150614	大淀町中央公民館	日本書紀を見直す会1	記紀神話成立の背景　神代～神武紀
20150712	大淀町中央公民館	日本書紀を見直す会2	三輪山伝承をめぐる問題　崇神・垂仁紀
20150809	大淀町中央公民館	日本書紀を見直す会3	河内政権論を考える　景行～雄略紀
20150913	大淀町中央公民館	日本書紀を見直す会4	大王の儀礼・崇仏論争　継体～推古紀
20151010	大淀町中央公民館	日本書紀を見直す会5	近・現代史としての『日本書紀』舒明～持統紀
20151108	世尊寺	日本書紀を見直す会6	講演会「伝承仏再興ー吉野寺の仏像を読み解くー」参加
20151213	大淀町中央公民館	日本書紀を見直す会7	これからの日本書紀　まとめと討論会
20160110	大淀町中央公民館	吉野を見直す会番外編	特別講座：大峯修験道と修験の世界について（田中敏雄氏）
20160214	大淀町・吉野町	日本書紀を見直す会番外編	奈良県主催・日本書紀を語る講演会&エクスカーション参加
20160320	紀伊風土記の丘ほか	日本書紀を歩く会1	紀の国文化遺産考
20160410	堺市	日本書紀を歩く会2	茅渟
20160508	藤井寺市・羽曳野市	日本書紀を歩く会3	古市
20160621	高槻市・茨木市	日本書紀を歩く会4	三島
20160718	橿原市	日本書紀を歩く会5	大和三山
20160911	桜井市・明日香村	日本書紀を歩く会6	磐余・飛鳥
20161008	三輪山	日本書紀を歩く会7	三輪
20161103	天理市	日本書紀を歩く会8	和邇・石上
20161211	春日山原生林	日本書紀を歩く会9	春日
20170108	御所市南部	日本書紀を歩く会10	巨勢・葛城
20170312	御所市北部	日本書紀を歩く会11	巨勢・葛城　その2

日時	場所	大テーマ	テーマ
20170409	飛鳥南部	日本書紀を歩く会12	飛鳥　その2
20170514	桜井市	日本書紀を歩く会13	忍坂
20170611	松阪・斎宮方面	日本書紀を歩く会14	伊勢
20170709	ペンション飛鳥	日本書紀を見直す番外編	夏の懇親会・意見交換
20170813	大淀町中央公民館	古代吉野を見直す会1	「古代吉野を見直す」製本の会発足
20170910	大淀町中央公民館	古代吉野を見直す会2	製本の趣旨の確認と今後の行程の検討
20171015	大淀町中央公民館	古代吉野を見直す会3	「吉野を見直す会」講座内容の復習他
20171125	大淀町中央公民館	古代吉野を見直す会4	「吉野を見直す会」講座内容の復習他
20171217	東吉野方面	古代吉野を見直す会5	丹生川上神社の四至と丹生源泉の確認
20180114	大淀町中央公民館	古代吉野を見直す会6	「吉野を見直す会」講座内容の復習他
20180211	飛鳥・吉野	古代吉野を見直す会7	車坂越　飛鳥 - 吉野口　古代史の道
20180311	大淀町中央公民館	古代吉野を見直す会8	「吉野を見直す会」講座内容の復習他
20180421	飛鳥・吉野	古代吉野を見直す会9	車坂越　吉野口 - 大淀　古代史の道
20180520	大淀町中央公民館	古代吉野を見直す会10	鈴木英一氏講座：弘法大師の道（鈴懸の径）
20180610	大淀町中央公民館	古代吉野を見直す会11	「吉野を見直す会」現地見学会の確認
20180722	大淀町中央公民館	古代吉野を見直す会12	「吉野を見直す会」現地見学会の確認
20180819	学文路	古代吉野を見直す会13	丹生都比売神社他　丹生を探る
20180929	大淀町中央公民館	古代吉野を見直す会14	丹生都比売神社宮司　丹生晃市氏講演
20181028	大淀町中央公民館	古代吉野を見直す会15	「吉野を見直す会」現地見学会の確認
20181209	大淀町中央公民館	古代吉野を見直す会16	製本作業のスケジュールの打合せ
20190113	大淀町中央公民館	古代吉野を見直す会17	川井祐司氏（暦法と日本書紀）講座
20190224	大淀町中央公民館	古代吉野を見直す会18	製本内容の説明と検討
20190310	吉野山	古代吉野を見直す会19	喜佐谷から青根ヶ峯（広野千軒）古代史の道
20190414	大淀町中央公民館	古代吉野を見直す会20	川井祐司氏（暦法と日本書紀）講座
20190519	黒滝・洞川	古代吉野を見直す会21	赤岩渓谷・小南峠　丹生探訪・古代史の道
20190609	大淀町中央公民館	古代吉野を見直す会22	製本の執筆の役割分担の検討
20190726	吉野山	古代吉野を見直す会23	田中岳良師護摩堂にて修験道護摩供に参列
20190817	大淀町中央公民館	古代吉野を見直す会24	川井祐司氏（講座）・製本執筆分担の決定
20190908	大淀町中央公民館	古代吉野を見直す会25	第70次宮滝遺発掘調査現地説明会・報告
20191013	大淀町中央公民館	古代吉野を見直す会26	製本・本文（試案）の説明
20191110	大淀町中央公民館	古代吉野を見直す会27	製本・一部現地訪問文（試案）の発表
20191208	大淀町中央公民館	古代吉野を見直す会28	現地訪問文の提出・USBメモリーの回収
20200112	大淀町中央公民館	古代吉野を見直す会29	校正原稿の検討
20200216	大淀町中央公民館	古代吉野を見直す会30	校正原稿の検討
20200308	大淀町中央公民館	古代吉野を見直す会31	校正原稿の検討

引用・参考文献一覧

【第1章】

池田淳「わたしたちの聖地、吉野」奈良学講座資料、二〇一四年七月
大和岩雄『神社と古代民間祭祀』白水社、一九八九年
岡直己『神像彫刻の研究』角川書店、一九六六年
末永雅雄・前園實知雄『増補 宮滝の遺跡』木耳社、一九八六年
玉本太平『天長地久の水の聖地―丹生川上の歴史・文化・伝承を辿る―』二〇一一年
竹田政則「藤原京からみた吉野」講演会資料、二〇一八年
奈良県立橿原考古学研究所編『宮の平遺跡Ⅲ』二〇〇五年
奈良県・大英博物館編『奈良―日本の信仰と美のはじまり』奈良県・大英博物館主催展覧会図録、二〇一九年
奈良県立橿原考古学研究所「史跡宮滝遺跡第七〇次調査報告会・遺跡解説資料」二〇一九年
西本昌弘・中東洋行「発掘 古代の宮滝遺跡」講演会資料集、二〇一九年
前田晴人『三輪山』学生社、二〇〇六年
前園實知雄「初瀬朝倉宮と脇本遺跡」日本書紀講座資料 二〇一九年二月
前園實知雄(磯城・磐余の諸宮調査会)編『奈良県桜井市 脇本遺跡の調査』二〇一九年

松田真一「神仙境 吉野と天皇たち」『月刊大和路 ならら』二三〇号、二〇一七年十一月
松田度「茅渟県陶邑再考」『文化史学』第六〇号 同志社大学文化史学会、二〇〇四年
松田度「王権のカンナビ―吉野宮の成立背景」『橿原考古学研究所論集』第十六、二〇一三年
松田度ほか「吉野の横穴式石室墳―その変遷と終焉―」『由良大和古代文化研究協会 研究紀要』第十八集、二〇一三年
松田度「水分信仰の源泉をもとめて」『怪』四五号 角川書店 二〇一五年
松田度「茅渟と三輪―湯山古墳の被葬者像―」『森浩一先生に学ぶ』同志社大学考古学シリーズ十一 二〇一五年
松田度「僧形の皇子たち―いざ、吉野へ―」『吉野宮の原像を探る』平成二八年度大淀町地域遺産シンポジウム資料集、二〇一六年
森口奈良吉『丹生川上神社考』一九一八年
和田萃「南山の九頭竜」『長屋王家・二条大路木簡を読む』、二〇〇一年
渡辺晃宏『平城京一三〇〇年「全検証」奈良の都を木簡からよみ解く』柏書房、二〇一〇年

【第2章】

五来重編『吉野・熊野信仰の研究』山岳宗教史研究叢書四 名著出版、一九七六年
首藤善樹『金峯山』金峯山寺、一九八四年

脊古真哉「役小角伝考―役小角／役行者伝の変遷から見えてくること―」『同朋大学佛教文化研究所紀要』第三八集、二〇一九年
松浦正昭「吉野金峯山と山岳修験の仏像」『近畿文化』近畿文化会、二〇〇四年七月号
松田度「吉野と空海―山岳修験のはじまりをめぐる覚書―」『実証の考古学』同志社大学考古学シリーズ十二、二〇一八年
宮家準『修験道』講談社学術文庫、一九七八年
宮家準『修験道 その伝播と定着』法蔵館、二〇一二年
宮家準「自然と共生するカラダ（修験道儀礼と身体感覚）」『第三回国際シンポジウム報告書』、二〇一二年七月
宮坂敏和『吉野路案内記』吉野町観光課、一九八四年
宮坂敏和『吉野―その歴史と伝承』名著出版、一九九〇年
山の考古学研究会編『山岳信仰と考古学』（同成社）、二〇〇三年
和歌森太郎『山伏』中央公論新社、一九八八年

【第3章】

奈良商工会議所編『奈良まほろばソムリエ検定 公式テキストブック』山と渓谷社、二〇〇六年
奈良地域伝統文化保存協議会編『大汝詣り 多武峯山麓の宮座の祭礼』二〇一〇年

藤田庄市　『熊野、修験の道を往く』二〇〇五年
田中利典・正木晃　『はじめての修験道』二〇〇四年
村田靖子　『もっと知りたい 奈良の仏像　県内地域別仏像拝観の旅』里文出版、二〇一一年
森沢義信　『大峯奥駈道七十五靡』ナカニシヤ出版、二〇〇六年
山と渓谷社大阪支部局編　『吉野・大峯の古道を歩く』歩く旅シリーズ（街道・古道）、二〇〇二年

【全体をつうじて】
上田正昭編著　『吉野―悠久の風景―』講談社、一九九〇年
桐井雅行　『憧憬 古代史の吉野』吉野町経済観光課、一九九二年
奈良県教育会　『改訂 大和志料』養徳社、一九四四年
前登志夫　『新版 吉野紀行』角川書店、一九八四年
前園実知雄・松田真一編著　『吉野 仙境の歴史』文栄堂、二〇〇四年
山本昭緒　『吉野一隅』二〇一三年

※奈良・平安時代の史料については、主として国史大系本（吉川弘文館）および新編日本古典文学全集（小学館）に拠った。
※奈良県内および吉野郡内の自治体史も適宜参照した。

ＮＰＯ法人奈良まほろばソムリエの会とは

奈良のご当地検定である「奈良まほろばソムリエ検定」（略称…奈良検定）の資格取得者、奈良を愛する者が、奈良の歴史・文化・観光などに関する知識を生かし、様々な社会貢献活動を行う団体。平成二五（二〇一三）年二月のＮＰＯ法人発足以来、現在会員数は四〇〇名を超える。（同会ホームページより）

【編集】富田　良一（とみた　りょういち）

一九四三年神戸市生まれ。

関西大学法学部卒業。安田生命保険相互会社定年退職。吉野町観光ボランティアガイドの会（元会長）、奈良まほろばソムリエの会（記紀万葉グループに所属）。「吉野見直しの会（現・古代吉野を見直す会）」を立上げ、現在にいたる。

【監修】松田　度（まつだ　わたる）

一九七四年大阪市生まれ。同志社大学大学院修了後、同大学歴史資料館研究員を経て二〇〇五年より大淀町教育委員会に勤務。奈良女子大学大和・紀伊半島学研究所（なら学研究センター）協力研究員。二児の父で、趣味は家庭菜園とウォーキング。

京阪奈新書
神仙境吉野の謎に迫る―壬申の乱と修験道の誕生―

2020年10月31日　初版第1刷発行

著　　者：古代吉野を見直す会 代表 富田良一
発 行 者：住田　幸一
発 行 所：京阪奈情報教育出版株式会社
〒630-8325
奈良市西木辻町139番地の6
URL://narahon.com/　Tel:0742-94-4567
印　　刷：共同プリント株式会社

ISBN978-4-87806-756-3

京阪奈新書創刊の辞

情報伝達に果たす書物の役割が著わしく低下しつつある中、短時間で必要な知識や情報の得られる新書は、多忙な現代人のニーズを満たす活字文化として、書店の一画で異例の繁栄を極めている。

かつて、活字文化はすなわち紙と印刷の文化でもあった。それは、人々が書物への敬意を忘れなかった時代でもあり、読書を愛する者は、知の深淵へと降りていく喜びと興奮に胸を震わせ、嬉嬉としてページを繰ったのだった。

日本で初めて新書を創刊した出版界の先達は新書創刊の目標として、豊かな人間性に基づく文化の創出を揚げているが、活字文化華やかしころの各社の新書の中からは、文化を創出する熱い志（こころざし）に溢れた古典的名著が数多く生まれ、今も版を重ねている。

デジタル時代の今日、題名の面白さに凝ったおびただしい数の新書が、入れ代わり立ち代わり書店に並ぶが、昨今の新書ブームには、アナログ時代の新書にはあった大切なものが欠落してはいないだろうか。

ともあれ、このたび我が社でも新書シリーズを創刊する運びとなった。

高邁（こうまい）な理想を創刊理念として掲げ、実際に人生や学問の指標となる名著が次々と生まれた時代への熱い思いはあるが、適度な軽さもまた、デジタル時代のニーズとしてとらえていくべきだろう。

とにもかくにも、奈良にどっしりと腰を据えて、奈良発の『知の喜び』を形にしてゆきたい。

平成二十九年　晩秋

京阪奈情報教育出版株式会社